W0012813

Die Pädagogik Peter Petersens - eine Herausforderung an die Gegenwart

Von Theo Dietrich

List Verlag München Frankfurt Berlin Hamburg Essen

ISBN 3471-00671-0

© 1973 by Paul List Verlag KG, München

3., erweiterte und völlig veränderte Auflage. Alle Rechte vorbehalten. Die Vervielfältigung und Übertragung einzelner Textabschnitte, auch für Zwecke der Unterrichtsgestaltung, unterliegt dem Urheberrecht und ist daher nur nach vorheriger Vereinbarung mit dem Verlag gestattet. Als Vervielfältigung gelten alle Verfahren der Übertragung auf Matrizen (einschl. Fotokopie) und Transparente, die Speicherung auf Bändern, Platten und anderen Medien.

Gesamtherstellung: Druckerei Ludwig Auer, Donauwörth.

INHALT

Aus dem Vorwort zur 2. Auflage

Die vorliegende Arbeit will Petersens pädagogisches Gesamtwerk *nicht* umfassend und kritisch interpretieren. Das erscheint heute nicht notwendig, da wesentliche Werke des bekannten Pädagogen im Buchhandel greifbar sind. Wir verweisen vor allem auf den „Kleinen Jena-Plan", die „Führungslehre des Unterrichts" und „Der Mensch in der Erziehungswirklichkeit". (Vgl. Literatur-Verzeichnis)

Die nachfolgenden Ausführungen wollen lediglich *„hinführen"* oder auch *„nachbereiten"*. Sie wenden sich damit in erster Linie an Studierende der Pädagogik, aber auch an Lehrer, die sich mit der Problematik der „Neuen Erziehung" in der Sicht Peter Petersens in einem ersten Umgang vertraut machen und auseinandersetzen wollen und eine hinweisende Einführung suchen.

Im Mittelpunkt der Schrift stehen die Betrachtungen über den *„Jena-Plan"*. Petersens Lebenswerk ist der Schule gewidmet. Auf diesem Gebiet liegt der Schwerpunkt seines Schaffens. Er selbst ist *Pädagoge* gewesen. Aus diesem Grunde haben wir diesem Teil einen größeren Umfang gegeben und auch verschiedene Pläne aus neueren Versuchen mit zum Abdruck gebracht. Mögen sie den Leser zu eigenem Tun anregen! — Die Praxis des Jena-Plans ist aber nicht zu verstehen ohne die *erziehungswissenschaftliche Grundlegung.* Daher schicken wir diesen Abschnitt voraus. Dadurch wird gleichsam die „innere Logik" des Gesamtwerkes verständlich. — Die Praxis wiederum stellt Fragen, die untersucht werden müssen, und zwar mit empirischen Methoden. Dieser dritte Aufgabenbereich Petersens — die *empirische Forschung in der Pädagogik* — gehört zum Bemerkenswertesten seines Lebenswerkes.

Diesen drei Abschnitten schließt sich organisch die Forderung nach einer *neuen Lehrerbildung* an. Wenn wir hier etwas weiter ausgeholt haben, als es das Ganze vielleicht wünschenswert erscheinen läßt, und wir Gedanken Petersens erstmalig der Öffentlichkeit übergeben, so deshalb, weil die Diskussion um die Gestaltung der *akademischen* Lehrerbildung im gegenwärtigen Augenblick einen neuen Höhepunkt erreicht hat. Vielleicht können Petersens Ideen einen klärenden Beitrag zu dem gewiß schwierigen Problem der Lehrerbildung leisten. Abschließend lassen wir Peter Petersen selbst durch eine kleine Arbeit sprechen, die er der Zeitschrift „Schola — Lebendige Schule", an der er von Anfang an mitgearbeitet hat, 1949 zur Verfügung stellte. Er umreißt hier die „Aufgaben der Pädagogik".

Die verschiedenen Arbeiten bringen es mit sich, daß mancher Gedankengang mehrmals auftritt. Wir glauben, daß dies dieser einführenden Schrift nicht zum Nachteil gereicht.

Bremen/Koblenz, im Juni 1958.

Theo Dietrich/Rudolf Renard

Vorwort zur dritten Auflage

Diese völlig veränderte Auflage der Schrift „Peter Petersen — Leben und Werk" führt zwar auch wie die früheren Auflagen ausführlich in die Teilgebiete der Erziehungswissenschaft und Bildungspolitik ein, die Petersen im Laufe seines Lebens bearbeitet hat, nämlich die *Erziehungstheorie*, die praktische Pädagogik, d. h. den *Jena-Plan*, die *pädagogische Forschung* und die *Lehrerausbildung*. Sie sind aber stärker auf die Thematik hin konzipiert, die im Untertitel genannt ist: „Die Pädagogik Peter Petersens — *eine Herausforderung an die Gegenwart*". Obwohl auf die „Herausforderung" erst im letzten Abschnitt direkt eingegangen wird, haben wir diesen Gedanken in den Titel aufgenommen. Wer die vorhergehenden Abschnitte liest, wird verstehen, weshalb das Ganze *dieser* Pädagogik für die Gegenwart eine Herausforderung darstellt. Die Pädagogik Petersens hält im Gegensatz zu Vorstellungen unserer Zeit, die eine Pädagogik der Schule für fragwürdig hält, weil sich die Institution Schule einseitig am Staat oder an gesellschaftlich-ideologischen Systemen auszurichten habe, an der Prämisse fest, daß der Mensch das Entscheidende im Erziehungsprozeß ist, und zwar der Mensch in seiner wesensmäßigen Fehlbarkeit. Erst diese anthropologische Urgegebenheit des Menschen, die weder durch ein Gesellschaftssystem noch durch individuelle Trainingsmethoden überwunden werden kann, macht Erziehung notwendig — früher, heute und in Zukunft. Möge diese Einsicht durch die Vermittlung von Peter Petersen in unserer und der künftigen Generation wachsen und dadurch die *Idee der Erziehung* in einer Zeit wieder an Boden gewinnen, der sie sich in verstärktem Maße entfremdet.

Bremen-Lesum, Herbst 1972

Theo Dietrich

(Zitatennachweis erfolgt durch die in Klammern stehenden Ziffern. Die erste Ziffer weist auf die Quelle im Literaturverzeichnis hin; die zweite Ziffer nach dem Semikolon gibt die Seite des Zitats an. — Zitate sind durch Anführungsstriche kenntlich gemacht; wichtige Hervorhebungen eigener Aussagen durch Apostrophe.)

1. Zur Einführung: Meine Begegnung mit Peter Petersen

Der Darstellung und kritischen Analyse des Lebenswerkes von *Peter Petersen* schicke ich persönliche Erlebnisse voraus. Sie stammen aus meinen Studienjahren an der Universität Jena und aus der späteren Zusammenarbeit mit Petersen (1946—1949). Die Tatsachen, Ereignisse und Begebenheiten, die im folgenden geschildert werden, zeigen uns den Menschen Petersen, wie er *mir* erschien. Sie vermitteln zugleich eine erste Einführung in sein Denken und Tun. Über die subjektiven Erlebnisse hinaus werden Wesenszüge sichtbar, die die Lebensarbeit Petersens als Erziehungswissenschaftler und praktischen Pädagogen tiefer verstehen lassen.

Als ich Petersen zum ersten Male begegnete, stand er im 57. Lebensjahr. Wir schrieben den zweiten Kriegswinter 1940/41. Ich saß ihm im hellen Arbeitszimmer seines Jenaer Hauses gegenüber. Zwischen uns stand ein großer, breiter Schreibtisch — vollgepackt mit Akten, Manuskripten und Büchern. Rechts von ihm befanden sich in einem drehbaren Gestell griffbereit die mir bereits wohlbekannten Hauptwerke Petersens zur Erziehungswissenschaft und zum Jena-Plan. Die geleimten Einbanddeckel wären durch die Vielzahl der eingelegten Zettel und umfangreicheren Manuskripte geborsten, wenn sie nicht in den engen Raum des Gestells hineingezwängt worden wären.

Gegen 13 Uhr hatte ich — vom Truppenteil kommend — in der „Erziehungswissenschaftlichen Anstalt der Friedrich Schiller-Universität" vorgesprochen. Ich benötigte eine Studienbescheinigung. Die Assistentin konnte mir nicht helfen, sprach aber fernmündlich mit Petersen. Ich sollte — wenn möglich — gleich zu ihm kommen. In der Mittagszeit?

Das habe ich später immer wieder erlebt: Petersen war für seine Studenten, seine Schüler, seine Kindergartenkinder — *für den Menschen* — immer da. Als ich in den ersten Nachkriegsjahren bei ihm arbeitete und 20, 30, 40 ... Studenten und Studentinnen vor seinem schlicht eingerichteten Dienstzimmer in der „Erziehungswissenschaftlichen Anstalt" (= EA) die Vortreppe und den Gang füllten, um Petersen ihre Anliegen und Sorgen vorzutragen ..., als es dann 14 und auch 15 Uhr wurde, und er mich immer noch nicht zum Mittagessen entlassen konnte, ich aber längst aufgrund wichtiger, noch zu erledigender Terminarbeiten ungeduldig geworden war —, da saß Petersen immer noch aufrecht, wenn auch an die Stuhllehne zurückgeneigt, auf einem unbequemen Holzstuhl, der schon in den zwanziger Jahren dort gestanden haben mochte. Er hörte geduldig auf das, was ihm vorgetragen wurde, blickte mit seinen klaren, blauen Augen hinter der in einem einfachen Stahlbügel sitzenden Brille distanziert, aber mit gütiger Teilnahme seinen Gesprächspartner an. Zwischendurch öffneten sich die schmalen Lippen, ruhig und besonnen stellte er Zwischenfragen, und am Ende wußte er einen Rat, dem sich die helfende Tat nicht versagte. Wie oft ging Petersen damals zur Universitätsverwaltung, wie viele Briefe schrieb er nach Weimar an das Ministerium, um jungen Menschen das Studium zu ermöglichen. Seine Hilfsbereitschaft war in der NS-Zeit so weit gegangen, daß er sich — selbst politisch gefährdet — für politisch gefährdete Studenten einsetzte.

Diese *Bereitschaft, dem anderen Menschen zu helfen,* erlebte ich bereits in der ersten Begegnung Ende Oktober 1940. Anderen zu helfen, gehörte mit zu den Grundzügen seines Charakters. Dazu kam eine vornehme Zurückhaltung, die von seiner Person ausging. Das schlanke, schmale Gesicht, die hohe Stirn, das weiße, nach hinten gekämmte, aber lockere Haar, der Stil seiner einfachen, aber tadellos sitzenden Kleidung — in der Erinnerung hat Petersen immer denselben graubraunen Anzug getragen — verstärkten den Eindruck der schlichten Vornehmheit. Petersen fragte damals zunächst nicht nach meinem Begehren, er drängte nicht in mich ein. Wir sprachen über den Krieg. Dabei ließ er eine Bemerkung über die Sinnlosigkeit dieses Geschehens fallen. Wie unvorsichtig, fuhr es mir durch den Kopf! Dann erst kamen wir auf meine Studienpläne zu sprechen.

Daß ich Petersen gegenübersaß, verdankte ich einem anderen meiner akademischen Lehrer. Im Sommersemester 1936 erwähnte der damalige Dozent Dr. Otto Engelmayer an der neu gegründeten Hochschule für Lehrerbildung Bayreuth — heute em. Prof. für Psychologie an der PH Nürnberg der Universität Erlangen — den „Jena-Plan": „Eigentlich müßte ich mehr über die Erziehungs- und Schulwirklichkeit dieser bedeutendsten Konzeption der deutschen Schulreformbewegung sagen, die mit dem Namen Peter Petersen verknüpft ist. Aber . . ." Das Sommersemester war zu Ende: Doch diese Worte blieben in meinem Gedächtnis haften. Als ich später im Frankenwald als junger Lehrer an einer zweiklassigen Schule unterrichtete, drang ich tiefer in das Werk Petersens ein: „Naturformen der Erziehung und Bildung" — „Schulgemeindeidee Dörpfelds" — „Bankerott der Jahresklasse" — an Stelle der Jahresklassen „Stammgruppen" — „der Lehrer als Führer" — „Menschenschule" — „Die Welt Pestalozzis und Fröbels". — Doch die Selbststudien genügten mir nicht, ich wollte mich eingehender mit diesen pädagogischen Problemen befassen und vor allem die Wahrheit der Worte in Jena erfahren.

Dieses erste Gespräch wandte sich meiner Vorbildung und meiner bisherigen Arbeit zu. Ich berichtete Petersen über meine Erfahrungen als Lehrer an Stadt- und Landschulen, und wir suchten gemeinsam nach Fragestellungen für eine Dissertation. „Pädagogische Tatsachenforschung"? — „Nein, sie ist mir wenig bekannt." Vermutlich spürte Petersen, daß ich hier nicht ‚anbiß'. Er drängte nicht weiter. Unser Gespräch wandte sich den Problemen des Lernens sowie den Strukturen von Unterrichtsstunden zu. Wir sprachen über die Gegensätze, die in diesen Fragen zwischen der Auffassung des 19. und 20. Jahrhunderts bestehen. Die Herbartianer hatten geglaubt, die Methode gefunden zu haben, die Reformpädagogen stellten dagegen an die Stelle der *einen* Methode eine Vielfalt methodischer Möglichkeiten. Welche Stellung nahm der „Jena-Plan" hierzu ein? „Bearbeiten Sie zunächst einmal den Aufsatz von *Wilhelm Rein* ‚Einige Betrachtungen über die Notwendigkeit und Möglichkeit einer objektiv-gültigen Unterrichtsmethode'. Dann sprechen wir uns wieder." — „Objektiv-gültige Unterrichtsmethode?!" — Hier biß ich mich fest, nahm nach einem Urlaubssemester die Fragen mit hinaus nach Italien und Rußland, kehrte wieder nach Jena zurück, mußte erneut an die Front, bis ich nach dem Zusammenbruch die Arbeit beendete, um dann drei Jahre für und mit Petersen zu arbeiten.

Welchen Zweck verfolge ich mit diesen *Plaudereien?* Sie sollen deutlich machen, was ich mit Petersen und wie ich ihn erlebte. Meine Begegnung beschränkt sich auf wenige Jahre: einige Studiensemester während des Krieges, ein Nachkriegssemester und drei Assistentenjahre in schwerer Zeit. Obwohl ich ungern über Persönliches spreche, setze ich *auf Bitten von Freunden,* die Petersen nicht kennen, aber eingedenk der Stückhaftigkeit und Subjektivität meiner Aussagen meinen Bericht fort. Der Leser möge meine Ausführungen durch die anderer ergänzen. (Vgl. die Literatur B) Dann rundet sich das Bild von der Person Petersens ab. Was aber weit wichtiger ist als dies: Mit dem Namen Peter Petersen ist ein pädagogisches Werk verbunden, das in zahlreichen Schriften und Abhandlungen niedergelegt und in einer weitläufigen Sekundärliteratur zusammengefaßt worden ist. Wenn mein Bericht und die folgende Darstellung der Lebensarbeit Petersens den Zugang zum Werk erschließen, dann erfüllen sie ihren Sinn.

Während eines Kriegssemesters sitze ich in der *Vorlesung über* „*Schülerkunde*". Um mich herum befindet sich eine kleine Zahl anderer Urlauber, vor allem aber Studentinnen und einige Reichsarbeitsdienstführerinnen, die nach Jena zum Studium abgeordnet sind. Petersen *liest* seine Vorlesung, d. h., er hat sie festgelegt. Die Sätze sind ausformuliert. Ich staune über die *Universalität* dieses Mannes: Solch tiefgründiges und weitschichtiges Denken hatte ich noch nicht erlebt. Abgesehen von den historischen Verbindungslinien, die Petersen innerhalb des eigenen Fachgebietes zog, ging er „mit Gründen" auf psychologische und theologische Fragen, vor allem auf die dialektische Theologie *F. Gogartens* und seines Kreises, auf Kulturphilosophie und -geschichte ein. War der Mann überall zu Hause? Nicht das Wissen erstaunte, sondern die Verarbeitung, die Zusammenhänge. Ruhig und gleichförmig kamen die Worte von seinen Lippen. Jetzt spricht er über Wesen und Sinn der Erziehung. Seine Stimme wird eindringlich. Er blickt in den Kreis seiner Hörer. Fest und bestimmt, den Zuhörer ergreifend, spricht er: „Erziehung ist . . . eine Funktion des *Geistes* im Menschen; daher heißt die Liebe auch eine geistige Tugend; Erziehung hat . . . eine Beziehung auf *Geist* und . . . auf *Freiheit*, sie ist Funktion der Vergeistigung im Menschen, und das heißt: seiner Vermenschlichung, seiner Menschwerdung." Längst haben alle den Bleistift aus der Hand gelegt. Jeder lauscht dieser *metaphysischen Deutung der Erziehung*. Als er dann seine Hörer vor „den Urgrund alles Seienden" führt und in diesen „Grund" hineinschauen läßt, aus dem der Mensch lebt und handelt —, da ist jeder zutiefst ergriffen. Man hätte eine Stecknadel fallen hören. Sprach hier noch der Universitätsprofessor Peter Petersen? Oder sprach ein Weiser prophetische Worte? — In sich gekehrt und im Nachdenken über den „Grund alles Seienden" verließen wir den Hörsaal.

Später fand ich diese Formulierungen in seinen Büchern wieder. Die ihm wesentlich erscheinenden Aussagen über „Erziehung", „Geist", „Freiheit" u. a. haben immer wieder den gleichen Wortlaut. Das weist auf einen anderen Grundzug seiner Person hin: Petersen fühlte sich bei aller Offenheit gegenüber dem Fortschritt der *Tradition verpflichtet. Seine Lehre war auf der Grundlage der Forschung zugleich „Bekenntnis".*

Nicht jede Vorlesungsstunde führte in solche Tiefen. Eine existentielle Betroffenheit — veranlaßt durch die Frage nach dem Grund der Gründe, dem Urgrund menschlichen Seins oder nach Gott — kann und darf nicht täglich herbeigeführt werden. Dennoch: Die Stunden, in denen sich mir Petersen als Metaphysiker öffnete, gehören nicht nur in meiner Erinnerung zu den schönsten und ergreifendsten. In solchen Stunden spürten wir die *tiefe Gläubigkeit* Petersens. Ihr entsprang — trotz der Enttäuschungen, die er im Umgang mit Menschen immer wieder erlebte — sein Glaube an den Menschen, an das Gute im Menschen. Hier liegen auch die Wurzeln seiner *Begeisterungsfähigkeit für den Menschen.*

Dieses Menschenbild, das im Religiösen wurzelt, hat Petersen zur nationalsozialistischen Ideologie in Widerspruch gebracht. Petersen scheute sich nicht, in seinen Vorlesungen ketzerische Bemerkungen über das NS-Regime fallenzulassen. „Die deutsche Jugend muß bis zum 15./16. Lebensjahre allermindestens noch an die Familiensphäre gebunden werden ... Familie aber ist der größte Gegensatz zur Kaserne. Also ein Minimum an Antretenlassen, Marschieren, Massensingen ..." Solche Worte wurden damals von den zum Studium abgeordneten RAD-Führerinnen als provokatorisch empfunden. Die Gruppe beschwerte sich beim Rektor. Petersen sollte sich dort verantworten. Da kam ihm einer seiner Schüler zuvor: Ein schwerkriegsbeschädigter Student — Offizier und Ritterkreuzträger — nahm Petersen in Schutz. Er stellte beim Rektor den Sachverhalt anders dar, als er in Wirklichkeit gewesen war.

Mindestens seit den Vorträgen in der Südafrikanischen Union (1937) war Petersen bei den Machthabern in Ungnade gefallen. Hatte man bis dahin geglaubt, daß Petersens „Pädagogik der Gemeinschaft" mit der Gemeinschaftsideologie des Nationalsozialismus übereinstimmte, so war durch diese Vorträge offensichtlich geworden, daß die Wurzeln von Petersens Denken nicht in der „Blut- und Boden-Ideologie" des Nationalsozialismus ruhten. Daß er damals nicht suspendiert worden war, hatte er allein seinem internationalen Ruf zu verdanken.

Im *Oberseminar* behandelte Petersen wiederholt die *Fragen des Zusammenhangs von „Erziehungswissenschaft und Philosophie".* Auch hier führte er an den „tiefsten Grund" des Menschseins heran. Die intellektuellen Kräfte und Möglichkeiten des Menschen reichen zum *Erschauen* dieses Grundes nicht aus; dazu bedarf es vielmehr einer besonderen „Schaukraft". Das Philosophieren von *Karl Jaspers,* kosmologische Fragen, das Entelechieproblem, die Stellung des Menschen in der Welt: — da war Petersen 'in seinem Element'.

Die *Beiträge der Studierenden* sowie ihre Referate entsprachen trotz höherer Semsterzahl und fortgeschrittenen Alters nicht immer den Erwartungen, die Petersen an sie gestellt hatte. Petersen hat jedoch nie einen Studenten unterbrochen oder gar 'abgekanzelt', wie ich das anderswo schon erlebt hatte. Er dankte kurz für die geleistete Arbeit, wies dann gegebenenfalls nach, daß der Referent *diese* Frage als zu bedeutsam angesehen, *jene* dagegen vernachlässigt habe. „Es wäre richtiger gewesen, Sie hätten den psychologischen Aspekt Ihrer Ausführungen kritischer betrachtet, dann wäre deutlich geworden, daß . . ." Darin lag ein leichter Vorwurf. Aber er war so geäußert, daß er als Hilfe empfunden wurde, das heißt, er war letztlich in pädagogischer Absicht gegeben.

An einem Winterabend kam Petersen eine Viertelstunde zu spät ins Oberseminar. „In der Universitätsschule hatten wir einen Wasserrohrbruch. Wir mußten das Wasser in Eimer schaufeln . . . Meine Schuhe sind ganz durchweicht." Den Schalk im Auge setzte er hinzu: „Das erleben meine Fachkollegen an den Universitäten nicht!" Damit hatte er unbeabsichtigt jener pädagogischen Richtung einen 'Seitenhieb' versetzt, die Pädagogik ausschließlich als philosophische Reflexion betrieb. Petersen hat aber sonst nie über seine pädagogischen Gegner oder über andere pädagogische Auffassungen ein unliebsames oder gar gehässiges Wort fallen lassen. Von *E. Spranger, Th. Litt, W. Flitner* u. a. hat er immer in größter Hochachtung gesprochen. Freilich: Als Litt 1946 in unserem Beisein während eines Vortrags in Berlin unter dem Eindruck des deutschen Zusammenbruchs erklärte, daß er zur Zeit nicht imstande sei, ein Erziehungsziel zu formulieren, stießen solche Bemerkungen auf das Unverständnis Petersens. Für Petersen galt auch damals, was er seit etwa 1930 in fast gleichlautenden Formulierungen wiederholte:

> „Wie die Zukunft politisch und wirtschaftlich gestaltet sein wird, das wissen wir nicht und weiß keiner der heute Lebenden, wie es auch niemand zuvor gewußt hat. Die Zukunft wird von Nöten, Interessen, Kämpfen, neuen wirtschaftlichen, politischen, sozialen Bedingungen bestimmt sein, die wir nicht kennen, höchstens einige ahnen können. Aber eins wissen wir alle: Alle diese Nöte usw. können nur behoben werden, wenn jene Zeiten über Männer und Frauen verfügen mit Initiative, fähig und bereit, die Last auf sich zu nehmen und sie zu tragen, freundlich, liebenswürdig, rücksichtsvoll, hilfsbereit und willig, sich selber ganz und gar an ihre Aufgabe hinzugeben, Opfer zu bringen, wahrhaft zu sein, treu, schlichten Herzens, ehrlich, selbstlos, und darunter einige wenige, die bereit sind, *mehr zu tun* als die anderen für diese anderen, ohne davon Aufhebens zu machen. Dienstbereit für alle, aber alle nach Maßgabe des Pfundes, das sie zu verwalten bestimmt und darum in ihr Leben entlassen worden sind." (10; 20/21)

Petersen wollte nicht nur der Menschheit dienen, sondern vor allem dem einzelnen Menschen, dem Kinde und Jugendlichen. Seine starke *Kindzugewandtheit* mag das folgende Erlebnis verdeutlichen: Während des Krieges mußte ich eines Morgens um 8 Uhr in der Universitätsschule sein. Auf dem Wege nach dort entdeckte ich zwischen den Dahineilenden einen Mann, rechts drei Kinder an der Hand, links vier. Es war Petersen. Das äußerste Kind trug seine verschlissene Aktentasche. Die Kinder liefen neben dem fast doppelt so großen Manne einher und versuchten, durch schnelleres Laufen die weit ausgreifenden Schritte Petersens aufzuholen. Was sie sprachen, konnte ich nicht hören. Petersen lachte zwischendurch laut auf. Sie schienen zu scherzen. Dieses Bild konnte ich später wiederholt beobachten. Petersen ging dann meist mit den Kindern bis in die Gruppenräume der Schule. Er lebte in und mit seiner Universitätsschule. Oft saß er dort im Kreise der Kinder. Er war den Kindern und ihren Eltern vertraut, und diese hatten Vertrauen zu ihm. Sonnabends unterrichtete er in der Obergruppe „Religion". Er setzte sich mit zu den Schülern in den „Kreis" und verkündete das Evangelium in Form einer Feier. Diskussionen habe ich in diesen Stunden nicht erlebt. Nach einem Lied löste sich der Kreis still auf. Petersen konnte durch seine Mitarbeit in der Universitätsschule *der Schule und ihrer Pädagogik* nicht fremd werden und im Wolkenkuckucksheim abstrakter Ideen über den Menschen und seine Erziehung sprechen.

Die *Jahre nach dem Kriege* waren für Petersen hart. Zwar war sein sehnlichster Wunsch in Erfüllung gegangen: Die Konstituierung der *Sozial-Pädagogischen-Fakultät.* Aber der Kampf um den Aufbau dieser Fakultät aus den Bedingungen und Notwendigkeiten der Erziehungswissenschaft und der deutschen Universitätstradition heraus hat ihn zermürbt. Denn die Machthaber wollten 'seine' Fakultät benutzen, um über diese Neugründung ihr ideologisches Denkgebäude in das Ganze der Universität 'hineinzubauen'. Bittere Worte sind damals aus dem Munde dieses sonst gütigen Mannes gekommen. U. a. führte er einen harten Kampf gegen die von der „Deutschen Zentralverwaltung für Volksbildung in der Sowjetischen Besatzungszone" angeordneten Studien- und Pflichtstundenpläne. Petersen wandte sich immer wieder gegen diese „oberbehördlichen Verfügungen", wie er sie nannte. Er wurde nicht müde, mündlich und schriftlich darauf hinzuweisen, daß ein Studienplan die Möglichkeit erziehungswissenschaftlicher *Studien* geben müsse und nicht nur für eine bloße Stoffvermittlung vorsorgen dürfe, weiter: daß er nicht schematisch durchgeführt werden und bezüglich des Studiums der Volksschullehrer keine „Duodez-Ausgabe des Studienrats" zum Ziele haben dürfe. „Der Studienplan läßt jedes Herzstück der pädagogischen Ausbildung vermissen", grollte er damals in einem Schreiben an die Zentralverwaltung. Gegenentwurf auf Gegenentwurf entstand, Eingabe auf Eingabe ging nach Weimar oder Berlin. Petersen fuhr selbst nach dort –, stets optimistisch gestimmt. Befriedigt über seinen vermeintlichen Erfolg kam er zu uns nach Jena zurück. Aber bereits nach einigen Tagen stellte sich oft der vermeintliche Erfolg als Fehlschlag heraus.

Hier kommt ein *weiterer Grundzug des Wesens von Petersen* zum Vorschein: Petersen, der das Wesen des Menschen so tief 'geschaut' hatte und in seinen Vorlesungen und Übungen den Menschen nüchtern und realistisch schilderte, betrachtete seinen Verhandlungs- und Gesprächspartner, ja, selbst seinen politischen Gegner, als Mitmenschen. Er traute ihm keine Unehrenhaftigkeit zu. Trotz der Enttäuschungen sah er nur das Gute im Menschen. Im Umgang mit anderen kannte Petersen keine 'Schliche'; er war undiplomatisch bis zum äußersten und ein von Grund auf ehrlicher und verläßlicher Charakter. Gewiß war er niedergeschlagen und enttäuscht, wenn er merkte, daß er hintergangen worden war. Aber schon in der nächsten Begegnung trat er seinen Widersachern optimistisch und vertrauensvoll entgegen. Dieses Hoffen auf menschliches Entgegenkommen und der Glaube, daß der Partner nicht unfair handeln könne, wurde mir im Sommer 1947 nochmals besonders deutlich. Von Bremen aus war an Petersen der Ruf ergangen, eine „Internationale Universität" aufzubauen. Der Bremer Schulrat *Klaus Böttcher* († 1958) kam mit einem Lastkraftwagen nach Jena, um Petersen und einen Teil seiner Bibliothek abzuholen. Aber Petersen zögerte, obwohl ihn die neue Aufgabe über alles reizte. (Vgl. 20) Trotz unserer Gegenvorstellungen glaubte er bis zuletzt, daß er die offizielle Ausreisegenehmigung aus Thüringen erhalten würde. Petersen wollte nicht 'fliehen', obwohl er einen Grenzgang nicht scheute. Aber Klaus Böttcher mußte allein mit seinem Wagen wieder davonfahren.

Auffallend und imponierend war die *Arbeitsenergie* Petersens. Fast täglich erschien er gegen 10 Uhr in der EA, nachdem er zuvor die Universitätsschule besucht hatte. Am Schreibtisch stehend holte er aus seiner Aktentasche Entwürfe über Eingaben an das Ministerium, Pläne über den Aufbau der Fakultät, stenographische Notizen zu Berufungsangelgenheiten, Vorlesungs- und andere Stenogramm-Manuskripte. Dann begann das Diktat, das dank der hervorragenden und

13

zuverlässigen Sekretärin flüssig vonstatten ging. Trotz dieses umfangreichen vormittäglichen Arbeitspensums nahm sich Petersen Zeit, mit Mitarbeitern zu konferieren. Viermal in der Woche verließ er pünktlich 12 Uhr die EA, um zu seiner Vorlesung in das Hauptgebäude der Universität zu gehen. Am Nachmittag bereitete er die Aufgaben des nächsten Tages vor. 'Nebenbei' überarbeitete er seine Vorlesungen, ergänzte und änderte seine Bücher und Schriften, bereitete Neuauflagen vor und saß über Forschungsberichten. Im SS 1947 vermittelte er den Studenten seine Sicht über den Marxismus, die nicht mit der offiziellen SED-Auffassung übereinstimmte. In Diskussionen mit sowjetischen Experten ergriff Petersen das Wort und wies die Sowjets auf Quellen hin, die ihnen, wie sie zugaben, unbekannt waren. Es ging ihm damals vor allem um die Herausarbeitung der Anthropologie des jungen Marx. Allem Dogmatismus gegenüber machte Petersen deutlich, daß nach Marx der *Mensch* das Entscheidende im Begriff des „gesellschaftlichen Wesens" ist. Außerdem ergänzte damals Petersen seine umfangreichen Sprachkenntnisse durch das Erlernen der russischen Sprache. Er sah auch meine ersten Manuskripte kritisch durch. Eine Arbeit über Rousseaus „politische Pädagogik" gab er mir mit der Randbemerkung zurück: „Die Arbeit würde gewinnen, wenn die Exposition, S. 1—6, auf zwei Seiten zusammengefaßt würde." Petersen hatte sich also eingehend mit dem Manuskript beschäftigt.

Was Petersen von sich forderte, verlangte er auch von seinen Mitarbeitern. Nicht mehr —, aber auch nicht weniger. Wenn wir ihm und unseren sonstigen Verpflichtungen im Rahmen der Fakultät und des Instituts gerecht werden wollten, mußten wir die Nächte zur Erledigung der Arbeit mit heranziehen. Ich gestehe, daß ich manchmal mißmutig war über das Vielerlei und den Umfang der Aufgaben, deren Erledigung durch nachkriegsbedingte Verhältnisse auf besondere Schwierigkeiten stieß und die mich nicht in genügendem Maße zu eigenen Studien kommen ließ. Dennoch habe ich gern für und mit Petersen gearbeitet.

Unvergeßlich sind mir die *gemeinsamen Abende* nach den Seminaren während der Kriegssemester. In der Küche der EA bereiteten einige Studentinnen für jeden Teilnehmer eine Tasse Tee, wir aßen dazu das mitgebrachte Brot und sprachen über Politik, Theater, Zeitgeschehen, Theologie usw. Bei solchen Zusammenkünften zeigte sich Petersen als geistreicher Gesprächspartner und -führer. Sehr gern erzählte er von seinen Reisen und den Erlebnissen in fremden Erdteilen. An Hand konkreter Beispiele verdeutlichte er uns das Leben, die Erziehung und die Kultur der Menschen in den besuchten Ländern. Sehr nachhaltig waren die Erinnerungen an seinen Aufenthalt in Santiago de Chile (1929), wo er längere Zeit als Berater der Regierung gewirkt hat, und vor allem an den wunderschön gelegenen Badeort Zapallär. Ähnliches gilt von den Zusammenkünften in seinem Hause, an denen auch seine Gattin als Hausherrin teilnahm. Frau Petersen war uns als Mitarbeiterin ihres Mannes aus zahlreichen anderen Veranstaltungen gut bekannt. Sie begleitete ihren Gatten in die Seminare und nahm vor allem am Leben der Schule teil.

In diesem Zusammenhang müssen auch die *Fakultätsfeste* der Nachkriegszeit erwähnt werden. Obwohl die Fakultät innerhalb kurzer Zeit auf 700 Studenten angewachsen war, begingen wir gemeinsame Feste. Wenn nach einigen humoristischen Aufführungen durch die Studenten aus dem Leben der Fakultät oder den Inhalten der Vorlesungen, z. B. die Darstellung der „Französischen Revolution nach arbeitsschulischer Methode", der Tanz begann, dann eröffnete stets das Ehepaar Petersen diesen Teil der Veranstaltung. Hier hat sich Petersen immer als humorvoller und verständnisvoller Partner gezeigt.

Im SS 1948 wurde Petersen von einer *schweren Krankheit* befallen. Während seines 50. Jenaer Semesters war er ans Bett gebunden. Niemand glaubte an seine Gesundung. Außer seiner Gattin und dem Arzt durfte niemand zu ihm. Als ich ihn nach einigen Wochen als erster aus dem Kreise der Mitarbeiter besuchte und Grüße überbrachte, fand ich ihn apathisch auf dem Diwan liegend vor. Die wenigen Worte, die wir damals wechselten, ließen mich erkennen, daß vor mir ein *zutiefst einsamer Mensch* lag —, wie jeder Mensch im letzten Grunde einsam ist. Aus dieser Einsamkeit sind jene Worte zu verstehen, die er später in Kettwig (1950) niederschrieb und die zugleich die tiefe religiöse Verwurzelung Petersens erkennen lassen:

„*Der Akt ist aus*
Vielleicht nur eine Szene?
Wer kennt des Lebensdramas Haus
und wer kennt seine Bühne?
Gott dichtet nicht nach Menschen Witz,
plant, ordnet die Ideen.
Er, aller Liebe Fülle Sitz,
bleibt gleich in dem Geschehen,
nimmt gütig in des Himmels Saal
sein Kind auf nach des Lebens Qual."

Was nun noch folgte, waren Nackenschläge auf Nackenschläge. Zwar erholte sich Petersen körperlich. Er kam wieder in *seine* Schule, *seinen* Kindergarten und *seine* EA. Aber: Im Oktober 1948 wurde er durch „Sonderanordnung" des Ministeriums als Dekan abgesetzt. 1949 erhielt er Prüfungsverbot für Staatsexamina, 1950 wurde die Universitätsschule als Hort „bürgerlicher Pädagogik" geschlossen, 1951 die EA zu einem „Institut für theoretische Pädagogik" umgewandelt und damit als Institution, die das Ganze der Erziehungswissenschaft vertrat, also Theorie *und* Praxis, ausgelöscht. Eine 25 Jahre umfassende Aufbauarbeit im Dienste der deutschen Erziehungswissenschaft war vernichtet. In diesen schweren Jahren schrieb Petersen an seinem — wie er selbst sagte — „Hauptwerke": „Der Mensch in der Erziehungswirklichkeit". (Vgl. 22) Manche Absätze dieses Werkes sind nur aus dieser eben geschilderten Situation heraus verständlich.

Wir sahen uns zuletzt 1950 im Landerziehungsheim „Odenwaldschule", wo ich seit 1949 arbeitete. Trotz gewisser Hoffnungen, in der Bundesrepublik ein neues Tätigkeitsfeld zu finden, kam es leise, etwas traurig und dennoch nicht ohne Humor, aber resigniert über seine Lippen: „Ich befinde mich auf einer Reise an die deutschen Fürstenhöfe (gemeint waren die Ministerien) und hoffe, daß ich irgendwo eine Arbeit finde. Ich will nur in Ruhe arbeiten." Die Pädagogische Hochschule Flensburg bot ihm einen Lehrauftrag für DM 150,— monatlich. Doch er kehrte nach Monaten des Umherreisens zu seiner damals kranken Gattin nach Jena zurück.

Am 25. 3. 1952, als ich auf dem Weg zu einer Veranstaltung der „New Education Fellowship" in der Freien Waldorfschule Stuttgart war, übergab mir der Briefträger einen Brief, der mir die Nachricht vom Tode meines Lehrers brachte. Ich konnte den Stuttgarter Mitgliedern der „Gesellschaft für Erneuerung der Erziehung", wie sie auf deutsch heißt, diese unerwartete und mich erschütternde Todesnachricht nur mit dem einen Satz übermitteln: „Peter Petersen, eines unserer bedeutendsten Mitglieder, ist am 21. 3. 1952 in Jena plötzlich verstorben; damit ist *der* Mann von uns gegangen, der es verstanden hat, die Belange der inneren Schulreform zu einer geschlossenen Konzeption zusammenzufassen." Wir standen still und schwiegen ...

Über die Trauer um diesen Toten hinaus verblieb die Hoffnung, an dem weiterarbeiten zu dürfen, was er auf dieser Erde unvollendet hinterlassen hatte und was auch immer unvollendet bleiben wird, weil der Mensch nicht auf Vollendung angelegt ist: Das sind die Aufgaben der Erziehung im Sinne Pestalozzis, Fröbels und — Petersens. *Das* heißt nach meiner Auffassung, die Idee des „Jena-Plans" zu verwirklichen und die Schule im Sinne der Genannten als „Menschenschule" zu gestalten. Das setzt aber wiederum ein existentielles Betroffensein durch die Ideen dieser Pädagogen voraus.

2. Leben und Werk im Umriß

Peter Petersen ist Norddeutscher. Er wurde am 26. Juni 1884 in Großenwiehe bei Flensburg geboren und wuchs auf dem väterlichen Bauernhof als Ältester unter noch 7 Geschwistern auf. Der Junge mußte den Eltern bei der Hofarbeit oft helfen. Dadurch lernte er alle landwirtschaftlichen Arbeiten kennen, worauf er Zeit seines Lebens stolz gewesen ist. Die bäuerliche Lebenswelt Nordfrieslands formte seinen Charakter, der in sich stete Beharrlichkeit und Zielbewußtheit gepaart mit Strenge und Fleiß vereinigte. Die Erfahrung des Aufeinander-Angewiesenseins in der dörflichen Umwelt weckte in Petersen eine Hilfsbereitschaft, die er später seinen Mitmenschen gegenüber immer wieder erwies. Die Prägekräfte des nordfriesischen Raumes — sicherlich verstärkt durch das Erbe — haben den Jungen zu einem im Grunde ernsten Menschen heranreifen lassen, der Petersen Zeit seines Lebens geblieben ist. Er hat sich nur selten anderen Menschen geöffnet und gelöst gezeigt. Trotz der vornehmen Zurückhaltung besaß Petersen aber auch echten Humor, der im mitmenschlichen Kontakt und bei geselligen Veranstaltungen hin und wieder in Erscheinung trat.

Petersen besuchte von 1890 bis 1896 die *Dorfschule* seines Heimatortes. Sie muß ihn nachhaltig beeindruckt haben. Er hat später oft und gern von seinen beiden Dorfschullehrern erzählt. Nachdem er, wie das damals üblich war, vom Pastor des Dorfes auf den Besuch einer höheren Schule vorbereitet worden war, trat er 1896 in die Quinta des *Flensburger Gymnasiums* ein. Ostern 1904 verließ er die Schule mit dem Abitur. Über seine Gymnasialjahre hat Petersen später nur selten erzählt, selbst wenn er daraufhin angesprochen wurde. Auch mir gegenüber hat er diese Jahre immer nur kurz erwähnt. Sie scheinen ohne tiefere Eindrücke an ihm vorübergegangen zu sein. Eine gelegentliche Bemerkung, daß er während der Gymnasialzeit sehr oft auf dem elterlichen Hof hat mitarbeiten müssen, läßt vermuten, daß der begabte Junge die Schule mehr beiläufig absolvierte und sein Denken und Handeln stärker auf die bäuerliche Tätigkeit als auf die Schule ausgerichtet waren.

Ab 1904 studierte Petersen an der *Universität Leipzig*. Er war nach dort gegangen, um „ohne Freunde", ganz auf sich gestellt, „mit dem Leben" fertigzuwerden, wie er später berichtete. Dazu kam, daß Leipzig damals einen guten Ruf für geisteswissenschaftliche Studien besaß. Anschließend ging er nach Kiel und Kopenhagen, darauf an die Akademie nach Posen und kehrte dann nach Leipzig zurück.

Petersen studierte Philosophie, Psychologie, Geschichte, Anglistik und Nationalökonomie. Der Psychologe *Wilhelm Wundt* führte ihn in die experimentelle Psychologie und ihren empirischen Forschungsansatz ein. Als Begründer der voluntaristischen Psychologie, die das Wollen als seelische Grundgegebenheit und als Antrieb der Steuerung seelischen Lebens ansieht, lehnte er die bestehende Assoziations-Psychologie ab. Das Studium der neuen Psychologie gab Petersen später mit die Impulse, eine eigenständige, auf empirischer Grundlage beruhende erziehungswissenschaftliche Theorie zu entwickeln. Ähnliche Anregungen gingen von dem Historiker *Karl Lamprecht* aus, der Geschichte als Kulturgeschichte auffaßte und aus den vielen Einzeltatsachen einer historischen Epoche den jeweiligen „Geist eines Zeitalters" herausarbeitete. Grundgedanken beider Lehrer finden wir bereits in der Dissertation Petersens. Schon der Titel legt davon Zeugnis ab: „Der Entwicklungsgedanke in der Philosophie Wundts, zugleich ein Beitrag zur Methode der Kulturgeschichte". Diese Arbeit konnte Petersen allerdings nicht in Leipzig einreichen, weil die Leipziger Philosophische Fakultät eine Dissertation über lebende Mitglieder nicht annahm. Petersen promovierte daher in Jena, und zwar in der Fakultät, in die er 15 Jahre später als Hochschullehrer eintrat.

1909 legte Petersen in Leipzig die *Staatliche Prüfung für das Lehramt an Gymnasien* ab, ging dann aber nach kurzer Unterrichtstätigkeit als Hilfslehrer an einem Gymnasium nach *Hamburg*. Dort unterrichtete er an der Gelehrtenschule des Johanneum. In der pädagogisch lebendigen Hansestadt wurde Petersen mit den Zielen der *Schulreformbewegung* bekannt. Er versuchte, diese Ideen in die Praxis zu übertragen. Neben seiner schulischen Tätigkeit arbeitete er seit 1912 als Vorstandsmitglied im „Bund für Schulreform" mit (ab 1915: „Deutscher Bund für Erziehung und Unterricht"). In einem seiner ersten Bücher „Innere Schulreform und Neue Erziehung" (1925) schreibt er über den „Bund":

„Dieser Bund hatte durch die wirksame Arbeit einer Anzahl tüchtig geleiteter Ortsgruppen und für ganz Deutschland durch seine Kongresse zu Dresden, München und Breslau, welche sich mit den Fragen: Arbeits-

schule, Intelligenzproblem und Schule, Bildung, Lehrerbildung, Koeduka-
tion, Schule und Elternhaus befaßten, mit großem Erfolge die Richtung
angenommen und durchgehalten, welche die deutschen Kunsterziehungs-
tage (1901, 1903, 1905) wiesen. Er weckte unermüdlich das Verständnis
dafür, daß mit der *äußeren* Schulreform nichts erreicht werde, daß es an-
komme auf die ‚innere Schulreform'." (5; Vorwort)

Die letzten Worte beinhalten Petersens *Lebensziel*: Petersen *wollte
fortan für die „Innere Schulreform" wirken.* 1920 übernahm er die
Leitung der *Lichtwark-Schule* in Hamburg-Winterhude. In dieser ersten Versuchs-Oberschule führte er praktische Versuche zur Schulreform durch. Mit dem Kollegium erarbeitete er einen neuen Lehrplan, der u. a. eine Querverbindung zwischen den Inhalten verschie-
dener Fächer vorsah. Organisatorisch wurde der Unterricht nach
Grund-(Kern-) und Kursunterricht differenziert. Der Werkunterricht
galt als verbindlich für alle Schüler der Mittelstufe. Auch in der Gestaltung des Unterrichts ging das Kollegium neue Wege; u. a. wurde
im Deutschen und in der Geschichte mit „dem chronologischen Aufbau gebrochen ... zu Gunsten des heimatkundlichen und soziologischen (Aufbaus)". (5; 175) Vor allem aber versuchte man, das Gemeinschaftsleben der Schule zu intensivieren. In der sog. „Schulgemeinde" arbeiteten Schüler, Eltern und Lehrer zusammen. Die schul-
reformerischen Erfahrungen, die daraus erwuchsen, sowie der Besuch
des Landerziehungsheims am Ammersee im Herbst 1912 bildeten den
Ansatzpunkt für Petersens spätere Schulkonzeption: den *Jena-Plan.*
Man darf mit Sicherheit annehmen, daß die Ideen für die neue Schulform schon ausgereift waren, bevor Petersen nach Jena berufen
wurde.

Für die akademische Laufbahn, die Petersen anstrebte, war jedoch
noch die *Habilitation* erforderlich. Petersen arbeitete sich neben seiner
vielfältigen schulischen und schulpolitischen Tätigkeit, zu der noch ab
1913 die Mitarbeit in dem von *Ernst Meumann* gegründeten „Institut
für Jugendkunde" kam, in philosophiegeschichtliche Fragestellungen
ein. Das Ergebnis des jahrelangen Quellenstudiums war das umfang-
reiche Werk „Geschichte der aristotelischen Philosophie im protestantischen Deutschland von Luther bis Hegel" (Leipzig 1921). Es gilt
auch heute noch als Standardwerk, das die Entwicklung des aristotelischen Denkens aufzeigt. Petersen habilitierte sich mit dieser Arbeit
1920 an der neu gegründeten Universität Hamburg.

1923 nimmt Petersen einen Ruf auf den Lehrstuhl für Erziehungswissenschaft an der *Universität Jena* an. Er bleibt dort trotz mancher an-

derer Angebote bis zu seinem Tode am 21. 3. 1952. Petersen kannte damals die von Herbarts Erziehungsvorstellungen geprägte reiche Tradition des Jenaer Lehrstuhls für Pädagogik nur in Umrissen. Erst nach seinem Amtsantritt wurde ihm voll bewußt, daß in Jena der Herbartianismus in der Auffassung der *Ziller-Reinschen Pädagogik* bestimmend war. Zwar gedachte Petersen seinem unmittelbaren Vorgänger, *Wilhelm Rein*, in ehrenvoller Weise. In seiner Antrittsvorlesung am 3. 11. 1923 über den „Bildungsweg des neuen Erziehers auf der Hochschule" sagte er: „Über 40 Jahre hat hier hochverehrt von Tausenden deutscher Lehrer, ja, verehrt von unzählbaren Lehrern aller Länder, *Wilhelm Rein* gewirkt, und sein Name war ein Programm in der Kampfzeit der deutschen Lehrerschaft um akademische Ausbildung." (5; 33) Aber die Auseinandersetzungen über die Unterrichtstheorie, wie sie in der Übungsschule praktiziert wurde, die dem Pädagogischen Seminar angegliedert war, mußten kommen. Petersen konnte von seinem reformpädagogischen Ansatz aus der Formalstufentheorie Herbarts, die den Lehr- und Lernprozeß in festliegende Stufen gegliedert hatte, in der Praxis des Unterrichts nicht folgen.

Dieser Gegensatz kam schon in der erwähnten Antrittsvorlesung zum Ausdruck. Dort forderte Petersen „eine von Grund auf *neue* Lehrerbildung". Er begründet sie aus den Ideen „einer Neuen Erziehung und einer Neuen Schule", die wiederum in der „Neueuropäischen Kulturbewegung" wurzeln. Die neue Bewegung, so führte er weiter aus, ist vom Geiste *Pestalozzis, Fröbels* und *Rousseaus* durchdrungen und steht im Gegensatz zu den Auffassungen *Lockes* und *Herbarts;* von Pädagogen also, die „alle Verantwortung in den Lehrenden" legten. Der Lehrende 'konstruiert' mit Hilfe der „Umstände" den Menschen 'von außen'. In diesem Sinne zitiert Petersen den Pädagogen Herbart: „Eben deswegen besteht Erziehung nicht in bloßer Aufsicht und Wartung, die günstige Momente herbeiführen und ungünstige fernhalten. Der Mensch, der, *wie man ihn will,* zum wilden Tier oder zur personifizierten Vernunft werden kann, der unaufhörlich geformt wird von den Umständen ... dieser bedarf der Kunst, welche ihn erbaue, ihn *konstruiere,* damit er die rechte Form gewinne." Der Mensch wird also durch die Umstände geformt, und zwar mit Hilfe der Vorstellungen, die von außen in ihn 'hineingegossen' werden. In diesem Sinne konnte Herbart schreiben: „Aus Gedanken werden Empfindungen und daraus Grundsätze und Handlungsweisen." Mit Hilfe der Formalstufentheorie wird dieser Vorgang, der also von den Gedanken (Vorstellungen) ausgeht und zu Empfindungen und Handlungsweisen fortschreitet, geregelt. Demgegenüber stimmt Petersen mit der Reformpädagogik und Pestalozzi darin überein, daß alle Kunst der Erziehung nichts anderes sei, als „die Kunst, dem Haschen der Natur nach ihrer eigenen Entwicklung Handbietung zu leisten", d. h., der Mensch entwickelt sich wesentlich von innen heraus, und der Lehrer als „erwachsener Führer" nimmt die Stellung eines Beobachters ein,

> „der hinter den Kindern steht, sie studiert und jedes (Kind) in seiner Eigenart liebt und zu fördern sucht nach den im Kind liegenden Möglichkeiten, und er ist ferner der väterliche und mütterliche Berater für alle Schüler". (5; 38)

Die Gegenüberstellung dieser Grundansichten zeigt, daß Petersen die Pädagogik Herbart-Ziller-Reins nicht fortführen konnte. Damit waren die Fronten in Jena gesetzt. Während die in Thüringen weit verbreitete Herbartbewegung, die sich im „Verein für wissenschaftliche Pädagogik" zusammengeschlossen hatte, auf eine Fortsetzung und Weiterentwicklung der pädagogischen Lehren des Herbartianismus hoffte, schlug Reins Nachfolger andere Wege ein. Er begründete eine *realistische und autonome Erziehungswissenschaft*, die nicht auf den Grundwissenschaften Ethik und Psychologie beruhte, wie das bis dahin in Jena gegolten hatte.

Trotz dieser wissenschaftlichen Gegensätze wies Petersen aber immer wieder anerkennend auf das Werk Wilhelm Reins hin, besonders auf dessen *Theorie-Praxis-Verständnis*. Darüber heißt es in der erwähnten Antrittsvorlesung: Wilhelm Rein ist es gewesen, der „vom ersten Tage an ein besonders starkes Gewicht auf die stete Verbindung von pädagogischer Theorie mit der Praxis" legte und der die Einheit von Theorie und Praxis in der dem Pädagogischen Seminar angeschlossenen Übungsschule pflegte. (5; 56)

Die Übungsschule gab „für die Anwendbarkeit der Theorie die Probleme ab; sie hat in gewissem Sinne die Bestimmung einer pädagogischen Versuchsstation". (W. Rein) Was also das Theorie-Praxis-Verständnis betrifft, so setzte Petersen die Arbeit seines Vorgängers fort und entwickelte damit auch die diesbezüglichen gleichen Anliegen Herbarts weiter — aber doch unter „neuen Verhältnissen", wie er betonte.

Die Achtung vor der Tradition konnte Petersen nicht davon zurückhalten, die Erziehungswissenschaft auf ein anderes Fundament zu stellen. Man kann das Neue mit den Worten Friedrich Fröbels (1782 bis 1852) wiedergeben, die Petersen immer wieder zitiert: „Das ganze Leben des Menschen ist ein Leben der Erziehung". Damit will Petersen zum Ausdruck bringen, daß er die Eriehungs- und Bildungsprozesse im Unterschied zu den Herbartianern *nicht nur* als bewußte, stetige, von außen zu beeinflussende Prozesse betrachtet, sondern auch, daß Erziehung und Bildung Phänomene sind, die sich überall dort auswirken können, wo sich Menschen im humanen Sinne begegnen. Aus dieser tiefgehenden uned weitreichenden Sinndeutung von Erziehung, auf die wir noch näher eingehen werden, ergeben sich völlig andere pädagogische Konsequenzen, als sie die Herbartianer von ihren Grundlagen aus entwickelt hatten.

Herbart und seine Nachfolger waren von der Voraussetzung ausgegangen, daß der Zögling auf „Bildsamkeit" hin angelegt ist und Bildung durch den Aufbau „sittlicher Gedankenkreise" (= Vorstellungskreise) erreicht wird. Das geschieht im „erziehenden Unterricht". Hier senkt der Lehrer mit Hilfe der „formalen Stufen" sittliche Stoffe in die formbare Seele des Zöglings. Die sittlichen Stoffe werden den Kulturgütern entnommen, die die Menschheit im Verlauf ihrer kulturgeschichtlichen Entwicklung produziert hat. Demzufolge muß der Lehrplan dem psychogenetischen Entwicklungsgang der Menschheit folgen. Die Zwangsläufigkeit, die in diesen Gedankengängen zum Ausdruck kommt, hat zu einem „geschlossenen System" der Pädagogik geführt, aus dem kein Teil herausgebrochen werden konnte und durfte. Das kann man u. a. an *Wilhelm Reins* „Theorie und Praxis des Volksschulunterrichts" (1878 ff.) leicht nachweisen, einem aus acht Bänden bestehenden Unterrichtswerk, das für jedes der acht Volksschuljahre die Unterrichtsstoffe und deren methodische Behandlung nach herbartischen Grundsätzen vorschrieb.

Diesem „geschlossenen System" stellt Petersen ein „offenes" entgegen. Es weist zwar auch Ordnung und Gliederung auf, ist aber insofern „offen", als keine bindenden Voraussagen über den Menschen gemacht werden können. Daher kann jedes Glied im System weiter entwickelt oder neu gefaßt werden. Infolgedessen war auch der Lehrplan — um bei obigem Beispiel zu bleiben — in Petersens Jenaplan-Schule „offen", d. h., er war abgesehen von gewissen Rahmenbestimmungen Lehrern und Schülern überantwortet und jederzeit aufgrund neuer Bedingungen oder Einsichten wandelbar. Im System des Herbartianismus war er dagegen 'festgeschrieben'.

Die Pädagogik Herbarts und seiner Nachfolger ging also von der Voraussetzung aus, daß der Mensch von außen bestimmbar ist und sitt-

22

lich festgelegt werden kann. Es handelt sich um eine typisch rationalistische Pädagogik. Die „Formalstufen" der Herbartianer stehen also letztlich im Dienst des ethischen Ziels. Das ist ihr tiefster Sinn und mit die Ursache für das Festhalten an ihnen, und zwar bis weit in das 20. Jahrhundert hinein. Die Normierung des Lernvorganges hat demgegenüber eine sekundäre Bedeutung. Petersens erziehungswissenschaftliche Theorie sowie seine Schulpraxis wollen im Unterschied zur Pädagogik des 19. Jahrhunderts nur Ansatzpunkte und Möglichkeiten aufzeigen, die jeder Lehrer selbsttätig und kreativ verwerten muß. Eine so strukturierte Erziehungswissenschaft bleibt unvollendet und hätte durch Petersen niemals zum Abschluß gebracht werden können, selbst wenn ihm die Gnade erteilt worden wäre, länger unter uns zu weilen. Der Grund liegt in Petersens anthropologisch-existentieller Auffassung vom Menschen, die eine Unfestgelegtheit des Menschen annimmt. Demgegenüber hielten die Herbartianer eine 'Festlegung' des Menschen mit Hilfe der Bildung sittlicher „Gedankenkreise" für unumschränkt möglich.

Diese unterschiedlichen Auffassungen lassen erkennen, daß mit Petersen ein Umbruch im pädagogischen Denken und Tun einsetzt, der zwar durch die Reformpädagogik bereits eingeleitet worden war, durch Petersen aber eine wissenschaftliche Begründung erhält. Bezeichnet man die Zeit vor Herbart als die Periode des naiv-unsystematischen Erziehungsdenkens, hat Herbart die Pädagogik auf „eigene Füße" zu stellen versucht und ein Systemdenken entwickelt, so hebt mit Petersen ein erziehungswissenschaftliches Denken an. Es beruht auf der Erkenntnis, daß das ganze Leben des Menschen vom erzieherischen Phänomen aus zu betrachten ist.

Diese Erkenntnis spiegelt der schon erwähnte Satz *Fröbels:* „Das ganze Leben des Menschen ist ein Leben der Erziehung" und auch die Worte *I. Kants* wider: „Der Mensch kann nur Mensch werden durch Erziehung". Dabei ist „Erziehung" allerdings im Sinne Petersens als Humanisierungsprozeß zu deuten. Sie muß von der rationalistisch-aufklärerischen Komponente, die sie bei Kant hat, befreit werden. Auf der Grundlage dieser Voraussetzungen erwachsen die vier Arbeitsbereiche Petersens, die in sich jedoch einen Zusammenhang bilden:

1. In der These, daß der Mensch nur Mensch werden kann durch Erziehung, liegt der Keim zur Entwicklung der Erziehungswissenschaft. Man kann Petersen — von gewissen anderen Ansätzen abgesehen — als *Begründer der Erziehungswissenschaft* bezeichnen. Er hat nicht nur die erziehungsphilosophischen Grundgedanken seiner Erzie-

hungswissenschaft entwickelt, sondern hat sie zugleich auf die Schulpraxis übertragen und eine Theorie der Schule entwickelt. Die Bearbeitung von Theorie und Praxis ist ein Grundmerkmal der Erziehungswissenschaft Petersens. Petersens Beitrag zu dieser Wissenschaft ist daher umfassender als der anderer Pädagogen, da beide Seiten der *einen* Erziehungswissenschaft Beachtung finden.

Von Anfang an steht Petersen im Gegensatz zur zeitgenössischen kulturidealistischen Pädagogik und ringt um eine „illusionsfreie" Erziehungswissenschaft. Er stellt sich damit auf den Boden eines „pädagogischen Realismus". (3 und 16)

2. Aus der Theorie oder richtiger gesagt: in ständiger Auseinandersetzung von Theorie und schulischer Wirklichkeit entsteht eine „neue" Schulwirklichkeit, die in der Fachwelt als „*Jenaplan*" bekannt geworden ist. Die vielfältigen Ansätze und Bestrebungen der deutschen und internationalen Reformpädagogik sind in diese Schulform mit eingegangen.

3. Das „Schul- und Unterrichtsleben" des Jenaplans hat der Pädagogik, Didaktik und Methodik Probleme zur Lösung aufgegeben, die die „alte Schule" nicht gekannt hat und daher dort auch nicht erforscht werden konnten. Petersen wendet sich dieser Aufgabe zu. Die diesbezüglichen Forschungen bezeichnet er als „*Pädagogische Tatsachenforschung*". Diese Forschungsmethode, die mit der Entwicklung der Erziehungswissenschaft Petersens eng verbunden ist und später in den USA eine starke Verbreitung gefunden hat, ist in der jüngsten Vergangenheit über das Ausland nach Deutschland zurückgekehrt. Sie wird jetzt mit dem Begriff der empirisch-pädagogischen Forschung bezeichnet. Einer ihrer bedeutenden Urheber ist aber Peter Petersen.

4. Petersen hat wie kein anderer Hochschullehrer die kulturpolitische Bedeutung des Lehrerstandes erkannt und aus diesem Grunde die Universitätsausbildung *aller Lehrer* gefordert. Er hat sie mit Unterbrechung seit 1924 an der Universität Jena durchgeführt.

Über die Grenzen dieses eigentlich pädagogischen Gegenstandsbereichs hinaus ist Peter Petersen auf dem *Gebiet der Philosophie* bekannt geworden. Seinem Lehrer Wilhelm Wundt hat er 1924 die oben schon erwähnte umfassende Schrift gewidmet, in der er vor allem die philosophischen Leistungen Wundts würdigt. Drei Jahre zuvor war die „Geschichte der aristotelischen Philosophie im protestantischen Deutschland" erschienen. Sie gehört — wie ebenfalls schon gesagt — nach dem Urteil von Fachphilosophen zu den Standardwerken der Philosophiegeschichte.

3. Realistische Erziehungswissenschaft

Am Anfang steht die Sinndeutung von Mensch und Welt

Durch die Mitarbeit in der deutschen und besonders der Hamburger Schulreformbewegung des zweiten und beginnenden dritten Jahrzehnts unseres Jahrhunderts ist Petersen herausgefordert worden, seine schulpädagogische Tätigkeit auch theoretisch zu begründen. Seine Theorie läßt sich also nicht von seiner pädagogischen Praxis trennen. Beide — Praxis und Theorie, Theorie und Praxis — haben sich in ständiger Begegnung und gegenseitiger Wechselwirkung entwickelt. Der Einheit von Theorie und Praxis geht jedoch die Sinndeutung von Mensch und Welt voraus, d. h., Theorie und Praxis werden von einer bestimmten Auffassung über den Menschen und die Welt bestimmt. Sie deckt sich zunächst weitgehend mit den Vorstellungen der „neueuropäischen Erziehungsbewegung" und wird später durch die Begegnung und Auseinandersetzung mit *Karl Jaspers, Max Scheler* u. a. ausformuliert.

„Neueuropäische Erziehungsbewegung" lautet der Titel eines Buches von Petersen aus dem Jahre 1926. Dort heißt es:

> „Hinter allem (d. h. hinter der Auffassung der neueuropäischen Erziehungsbewegung; d. Verf.) steht die neue psychologische Wissenschaft vom Kinde und Jugendlichen, eine humane Ethik, eine neue Anschauung von Mensch und Welt, die für das neue Schulleben allerorten bestimmend wird, ja, für alle erziehenden Kräfte innerhalb der Kulturen; denn gerade diese neue Bewegung öffnet die Augen dafür, daß wir die Erziehung als eine Funktion erkennen, die sich über alle Einrichtungen einer Kulturgesellschaft hin auswirkt." (8; 5)

Die Art und Weise der Erziehung wird also bestimmt von

1. der „neuen psychologischen Wissenschaft vom Kind und Jugendlichen",
2. einer „humanen Ethik" und
3. einer „neuen Anschauung von Mensch und Welt".

Alle drei Gesichtspunkte bestimmen nach Petersen das „Schulleben", in dem sich Erziehung als eine „Urfunktion" menschlichen Gemeinschaftslebens vollzieht.

Im folgenden gehen wir auf diese drei Punkte kurz ein und arbeiten ihre Bedeutung für die „Neue Erziehung" im Sinne Petersens heraus:

Zu 1.: Die Wandlung, die die Psychologie und zugleich die Pädagogik in ihrer Einstellung zum Kind seit Ende des 19. Jahrhunderts durchgemacht hat, spiegelt sich in dem Thema wider, das die „New Education Fellowship" — die nach dem ersten Weltkrieg gegründete weltweite Erziehungsbewegung, der Petersen als eines der führenden Mitglieder angehörte — auf ihrem ersten Kongreß in Calais 1921 behandelte: „The creative self-expression of the Child". Im Gegensatz zur „alten Schule" und ihrer Theorie, die das Kind von außen bestimmen zu können glaubte, indem sie dem Kinde einen „Gedankenkreis" sittlicher Grundsätze einflößte (s. o.), will die „neue Schule" die schöpferischen Kräfte freigeben. Die bisherige Pädagogik hatte die Entfaltung dieser Kräfte unterdrückt. Jetzt sollen sie in Freiheit gesetzt werden. Denn das Schöpferische ist nach dieser Auffassung im Menschen vorhanden, und zwar in jedem Menschen. Es bedarf aber der Ausbildung im Sinne der Herausbildung. Diese Aufgabe hat die Neue Erziehung zu leisten, die aber bei Petersen nicht naturalistisch als bloßes Wachsenlassen verstanden werden darf, wie man es aus den Schriften Rousseaus herauszulesen glaubte. Zwar hatte der so verstandene Rousseau entscheidend auf die neue Bewegung eingewirkt, weniger aber auf Petersen, der sich stärker Pestalozzi verbunden fühlte. Von dieser Verwurzelung aus gesehen ist es verständlich, daß Petersen nicht nur das 'Wachsenlassen' oder das 'Nachgehen' in der Erziehung betonte, sondern auch das 'Führen' und 'Fordern', die 'Freiheit und die Bindung'. Innerhalb der Antinomie von Freiheit und Bindung hat Petersen die Verpflichtung des Menschen für den anderen Menschen besonders betont, weil der Mensch des Mitmenschen bedarf, um Mensch zu werden. Daher nimmt der Gedanke der Gemeinschaft in der Erziehungswissenschaft Petersens eine zentrale Stellung ein.

Zu 2.: Mit dem Begriff der „humanen Ethik" verbindet Petersen die Forderung nach „Humanisierung des Menschen" durch Erziehung. Hier liegt der Gedanke zugrunde, daß der Mensch wesenhaft als Mitmensch verstanden werden muß. Als solcher ist er „absichtslos" für die anderen da und dient in menschlicher Weise seinem Mitmenschen. Erziehung wird damit zur „Dienstfunktion des Geistes in der Gemeinschaft". Dabei geht es nicht darum,

> „daß man *sich* in Dienst setzt oder in Dienst gestellt wird, sondern alle Menschen stehen in diesem Dienst; das gehört wesenhaft mit zu ihrem Menschsein ... Ein jeder ist dienend dem Anderen, und deswegen ist es die *Idee der Bruderschaft*, unter welches sich alles Erziehen ordnen läßt". (16; 52)

Erziehung ist also das Phänomen, das zur Vermenschlichung beiträgt. Daher soll der Erzieher in erster Linie das Kind als einen Menschen und nicht — wie man heute oft hört und liest — als Adressaten behandeln, dem Instruktionen zu vermitteln sind. Auf der Grundlage dieser Deutung von Mensch und Erziehung konnte nur eine Schule entstehen, die sich als „Menschenschule" im Sinne Pestalozzis verstand.

Zu 3.: Die „neue Anschauung von Mensch und Welt" hängt eng mit dem zusammen, was soeben ausgeführt worden ist. Darüber hinaus sind noch folgende Gedankengänge hinzuzufügen: Petersen stellt in radikaler Weise die Frage nach der Situation des Menschen in der Welt. Seine Antwort steht im Gegensatz zu den überlieferten idealistischen Lehren. Sie betrachten den Menschen als gestaltendes und herrschendes Einzelwesen, das mit einem sittlichen Willen ausgerüstet ist. Dem Willen wird die Kraft zugesprochen, die Welt ideen- und idealgemäß zu gestalten. Der Grundsatz des Idealismus lautet: Bestimme dich und die Welt aus dir selbst. In diesem Sinne führt J. G. Fichte stellvertretend für viele andere idealistische Denker über „die Bestimmung des Menschen" (1800) das Folgende aus, wobei er nach der Auffassung des Idealismus voraussetzt, „daß das Bewußtsein eines Dinges außer uns absolut nichts weiter ist als das Produkt unseres eigenen Vorstellungsvermögens":

„Ich will nach einem frei entworfenen Zweckbegriff mit Freiheit wollen, und dieser Wille, als schlechthin letzter, durch keinen möglichen höheren bestimmter Grund, sondern zunächst meinen Körper, vermittels desselben, die mich umgebende Welt bewegen und bilden". (56; 33 u. 82)

Gegenüber dieser fortschrittsgläubigen, idealistischen Philosophie setzt Petersen in Übereinstimmung mit dem „gesamten neueren norddeutschen Philosophieren" seinen „Realismus", der den Menschen so sieht und darstellt, wie er in seiner schicksalhaften Geschichtlichkeit und Wirklichkeitsbindung tatsächlich ist. Unter Realismus versteht Petersen

„diejenige Grundhaltung eines erkennenden und handelnden Menschen, welche vom Seienden ausgeht, die Dinge und Verhältnisse der Welt hinnimmt, sie wohl in ihrer Ordnung und in ihrer Bedeutung zu erkennen sucht, ohne jedoch an dieser Möglichkeit selbst zu zweifeln, so wenig, wie er beim Sehen oder Hören daran zweifelt, daß er sehen und hören kann". (16; 99/100)

Diese Auffassung entspricht derjenigen der „Existenzphilosophie" Karl Jaspers, der sich Petersen innerlich verbunden weiß. Sein Philosophieren ist wie das von Jaspers ein „Philosophieren aus möglicher Existenz". „Existenz" kommt allein dem Menschen zu, d. h., der Mensch ist in besonderer Weise aus der Natur „herausgetreten" und muß daher *sein* Leben führen und vor sich, seinesgleichen sowie vor dem „letzten Grund" aller Dinge selbst verantworten. „Mögliche Existenz" deutet darauf hin, daß der Mensch fortwährend ein Suchender ist, der seine Grenzen nicht kennt und zu etwas Ungeahntem fähig ist — im Guten wie im Bösen.

Auf der Grundlage dieser Deutung von Mensch und Welt entwickelt Petersen eine *realistische, illusionsfreie Erziehungswissenschaft*, eben weil das Menschenbild selbst illusionslos und damit zugleich realistisch ist. Petersens Erziehungswissenschaft geht daher nicht von der Frage aus, wie sich Erziehung vollziehen soll, welches ihr Ziel und ihre Methode ist, sondern von einer Sinndeutung des menschlichen Lebens und der Aufgabe des Menschen in der Gesellschaft und in der Welt. Von dieser Sicht aus versteht er Erziehung als die „geistige Grundfunktion" des Menschseins. (S. w. u.) Als Pädagogik, d. h. als Wissenschaft von der bewußten Erziehung, ist sie „Gemeinschaftspädagogik", weil nur in der Gemeinschaft die Dienstfunktion des Menschen erlebt, erfahren und erwidert werden kann. Das Gemeinschaftsdenken wandelt auch das Verhältnis von Lehrern zu Schülern und zwischen den Schülern, und es läßt ein „Schulleben" entstehen, in dem sich das Phänomen „Eriehung" auswirkt.

Erziehung bedeutet Humanisierung

Wir stellen ein längeres Zitat Petersens an den Anfang und interpretieren es anschließend. Damit fassen wir das bisher Gesagte teilweise noch einmal zusammen:

> „Erziehung ist und geschieht ebenso ursprünglich, wie das Leben und seine Funktionen sind und sich vollziehen. Das Erziehen gehört demnach zum Sein des Menschen ursprünglich und unaufhebbar; nicht als etwas, das neben diesem Sein geschieht, das ihm zugesetzt werden kann oder nicht, sondern als etwas, das im natürlichen Sein des Menschen mitgegeben ist, derart in ihm enthalten, daß das natürliche Menschsein ohne Erziehung seinen Sinn verliert. Erziehung ist demnach eine Seinsgegebenheit, und zwar eine Funktion des Seienden, der Wirklichkeit, deren unterscheidende Merkmale es festzustellen gilt ...
> Die Besinnung auf diese Seinsbezogenheit des Menschen enthüllt nun aber ein Neues, eine Besonderheit, die keinem anderen Wesen, das wir kennen, eigen ist; und dieses Besondere ist die *Erziehung*. Sie ist eben

dasjenige, was das Eigentümliche des Menschseins bewirkt, das, wodurch der Mensch zur Darstellung des nur ihm eigenen Wesens gelangt. Deswegen ist Erziehung auch gleich Humanisierung, das ist die geistige Durchdringung und Vollendung der menschlichen Form. Suchen wir nämlich nach dem, was den Menschen zum Menschen macht und von allen anderen Wesen abgrenzt, so finden wir es in dem, was das Geistige im Menschlichen, sein geistiges Vermögen genannt wird. Mit ‚Geist' bezeichnen wir den Inbegriff aller derjenigen Akte, durch welche ein Mensch sich selbst und alles Seiende in ihm und um ihn auffaßt und versteht als seiend, wertempfangend und selber wertend *aus dem Grunde alles Seienden heraus*, oder in denen er aus dem Grunde der Wirklichkeit fühlt und handelt, so daß die im eminenten Maße menschlichen (geistigen) Gefühle und Handlungen entstehen, wie Güte, Liebe, Treue, Demut, Sich-Sorgen, Dienst, Kameradschaft, echtes Mitleid, Leid, Andacht, Ehrfurcht usw. ‚Geistige Kultur' ist das, was vermittels solcher geistigen Akte außer uns gesetzt wird. Diese Leistungen des menschlichen Geistes finden in der Tierwelt keinerlei Gegenstück. Nicht nur das geistige Erfassen vom Sein und seinen Beziehungen fehlt hier vollkommen, sondern ebenso alle jene geistigen Gefühle und Handlungen. Güte, Liebe, Treue, Demut, Leid, Ehrfurcht gibt es nur unter Menschen; in diesem allem offenbart sich die besondere Sphäre des Menschseins. Und um eben diese Sphäre handelt es sich stets, wenn Erziehung im echten Wortsinne gemeint ist. Es handelt sich, das sei hier noch angefügt, dabei nicht um etwas gleich oder ähnlich dem göttlichen Geiste oder um eine Funktion des Menschen, Göttliches zu erkennen.

Erziehung ist demnach eine geistige Funktion, und zwar Funktion des tätigen Geistes. Sie ist gleich ursprünglich wie die Entwicklung als Funktion des Lebens. Ja, die Lebensverbundenheit der Menschen ist immer zugleich eine geistige, und zur Bezeichnung dieser geistigen Bezogenheit und Verbundenheit der Menschen miteinander dient in der neuen Erziehungsbewegung vielfach das Wort ‚Gemeinschaft': Jeder Mensch steht vom Ursprung her auf Gemeinschaft; das ist die mit dem Leben gesetzte und untrennbar vereinte Seinsgegebenheit für alle Menschen. Wie die mannigfachen Akte des Lebens auch ohne Absicht und ohne Bewußtsein davon geschehen, so geschieht auch das Erziehen als geistige Einwirkung der Menschen aufeinander." (16; 49, 50/1)

Erziehung ist hiernach eine *„Funktion des Seienden"*, sie gehört *„zum Sein des Menschen"*. Im Mannigfaltigen der Wirklichkeit hat Erziehung eine Funktion im Dasein, in der Existenz oder innerhalb des In-der-Welt-Seins des Menschen. Erziehung ist *„im natürlichen Sein des Menschen mitgegeben"*. Ohne Erziehung verliert das Menschsein seinen Sinn. Erziehung ist also eine Funktion, die unter allem Seienden *nur* dem Menschen zukommt, ihm eigentümlich ist und somit andere Stufen des Seins ausschließt, nämlich das Pflanzliche und Tierische. Im Unterschied zu den Funktionen des Körpers, die der Mensch mit der Tierwelt gemeinsam hat, handelt es sich bei der Erziehung um eine *geistige* Funktion.

Über die Aufgabe, die das Phänomen „Erziehung" im Bereich des menschlichen Seins ausübt, sagt Petersen: Erziehung gibt dem Menschen die Möglichkeit, zur Darstellung des nur ihm eigenen Wesens zu gelangen. „Deswegen ist Erziehung auch gleich Humanisierung, das ist die geistige Durchdringung und Vollendung der menschlichen Form." Das heißt mit den Worten Kants, die wir schon zitierten: „Der Mensch kann nur Mensch werden durch Erziehung." Umgekehrt gilt: Ohne Erziehung und ohne „geistige Durchdringung" würde der Mensch sein Eigentliches, das „Humanum", verlieren und als Mensch verkümmern.

Was nun „den Menschen zum Menschen macht und von allen anderen Wesen abgrenzt", bezeichnet Petersen als „geistiges Vermögen" oder kurz mit dem Begriff „Geist". Ähnlich wie der Philosoph *Max Scheler* — ein Schüler des Jenaer Philosophen *Rudolf Eucken,* bei dem Petersen promoviert hatte — deutet Petersen „die Stellung des Menschen im Kosmos" (64) als eine „Sonderstellung". Hiernach besteht der Mensch nicht nur aus der Addition: ungeistiges Bewußtsein (wie das Tier) + geistiges Bewußtsein, sondern der Wesensunterschied zwischen Mensch und Tier reicht auch bis in das organische Sein hinein, wenngleich viele Gemeinsamkeiten im Somatischen vorhanden sind. Der Geist ist also immer an die Schichten des organischen und seelischen Seins gebunden; er determiniert zugleich aber auch diese Schichten. „Geist" umfaßt bei Petersen (wie übrigens auch bei M. Scheler und N. Hartmann) mehr als Intelligenz oder Wahlfähigkeit. Am ehesten kann man „Geist" mit dem schon den Griechen bekannten Prinzip der „Vernunft" erfassen, das auch *I. Kant* als das den Menschen Bestimmende angesehen hat. Dazu kommt nach Scheler „eine bestimmte Klasse *volitiver* und *emotionaler* Akte wie Güte, Liebe, Reue, Ehrfurcht, geistige Verwunderung, Seligkeit und Verzweiflung, die freie Entscheidung" (64; 39). Ähnlich beschreibt Petersen das Geistige in dem oben wiedergegebenen Zitat: „Mit Geist bezeichnen wir den Inbegriff aller derjenigen Akte, ..." Diese Formulierung finden wir fast gleichlautend schon im „Ursprung der Pädagogik" (15; 89) sowie in anderen, späteren Schriften. Im „Ursprung" beruft sich Petersen auch ausdrücklich auf M. Scheler. Im Unterschied zu Scheler hat Petersen allerdings eine „freie Entscheidung" des Menschen nicht akzeptiert, sondern nur eine „gebundene" anerkannt.

> „Denn die Freiheit, welche der Mensch sich erwirbt, ist nicht die Freiheit des intelligiblen Wesens im Sinne eines Vermögens, die Seligkeit sich zu verschaffen, so daß der Mensch, *wie er will*, aus Freiheit gut oder böse sein könnte. Sondern die Freiheit ist eine gebundene, der Mensch findet und gewinnt sich innerhalb seiner Bindungen einen Raum der Freiheit, mit dem jedoch unvermeidlich bedeutsamste Schranken gegeben sind." (22; 157)

In diesen Worten kommt Petersens realistisches Denken zum Ausdruck, das — wie gesagt — das menschliche Leben so sieht, wie es ist —, und dazu gehört ein Leben in Bindungen. Dadurch kann nur ein „individueller Freiheitsraum" entstehen, der „alles Handeln beschränkt, auch die Denkhandlung" (ebd.).

Im Geistigen offenbart sich also nach Petersen „die Sphäre des Menschseins". Und um diese Sphäre handelt es sich, wenn wir mit Petersen von Erziehung sprechen. Das Geistige repräsentiert die humanen Werte, die oben genannt worden sind. Daher kann Petersen sagen, daß „Erziehung ... gleich Humanisierung" ist. Mit „Humanisierung" ist der Inhalt und die Zielstellung der Erziehung — Erziehung als Urfunktion menschlichen Lebens — klar umschrieben. Aufgrund dieser eindeutigen Zielbestimmung wird der immer wieder vorgebrachte Einwand widerlegt, der diesem urfunktionalen Erziehungsbegriff unterstellt, daß auch „die destruktiven und erziehungswidrigen Einflüsse als Erziehung bezeichnet werden müßten". (63; 121) Erziehung — auch in ihrem funktionalen Verständnis — wird bei Petersen immer konstruktiv, niemals destruktiv, aufgefaßt.

Fragen wir noch nach der Bedeutung der Worte: „Aus dem Grunde alles Seienden heraus?" Welcher *Grund* ist hier gemeint? Unter *Grund* ist der letzte Grund oder der Urgrund alles Seins, christlich gedacht: Gott, zu verstehen. So gesehen, erhält die Aussage folgende Bedeutung: Der Mensch erlebt, faßt auf, versteht sich selbst und die Welt, fühlt, wertet und handelt *vor Gott*; der Mensch ist Gott in allen diesen Bezügen und Tätigkeiten zugeordnet und verantwortlich. Das setzt voraus, daß er an den Urgrund und den Sinn dieser Welt glaubt und die Welt bejaht. Beide: Grund und Sinn, sind unlöslich miteinander verklammert.

Die Erziehungsphilosophie Petersens wurzelt also in einem religiösen Menschenbild, das den Menschen als geistiges Wesen auffaßt. Das Leben des Menschen kann nur „aus dem Grunde alles Seienden" begriffen werden. Ausschließlich von diesem Grunde aus ist ein Glaube an die Sinnhaftigkeit dieser Welt und damit menschliches Leben und damit wiederum Erziehung möglich. Da der Glaube das Vertrauen in den „Grund" voraussetzt — kein Mensch hat und wird je hinter den Grund blicken können; aber der Mensch fragt, was hinter dieser Grenze liegt —, geschieht jeder Erziehungsakt in gläubiger Hingabe an den Sinn dieses Lebens. Durch Erziehung soll der Mensch in den Grund eingeführt und seine Humanisierung angestrebt werden. Erziehung ist also — wir wiederholen es — immer zugleich „Humanisierung, das ist die geistige Durchdringung und Vollendung der menschlichen Form".

Dieses „Ziel", das nicht von außen gesetzt ist, sondern immanent im Wesen der Erziehung liegt, kann nicht durch einen Selbstformungsprozeß im organischen Sinne erreicht werden. *„Humanisierung", „Vergeistigung" bedarf immer des anderen Menschen.* Der Mensch ist von Ursprung an auf Lebensverbundenheit mit anderen Menschen angewiesen. Jede Tat wäre sinnlos ohne den anderen; kein Lebens- und Arbeitsraum kann ohne den anderen bestehen. Eine Selbststeuerung, die davon ausgeht, daß das Selbst des Menschen die Richtung und das Ziel des individuellen Lebens bestimmt, wird aufgrund der Voraussetzung eingeschränkt, daß der Mensch zugleich als Mit-Mensch lebt. Das Ich kann sich nur am Du vollenden. Ich und Du stehen in unmittelbarer Wechselbeziehung — in geistiger Gemeinschaft. Der Mensch kann niemals in völliger Vereinzelung aufwachsen und menschliches Sein erlangen, wenn er nicht ein menschlich-geistiges Gegenüber besitzt.

Diese Zusammenhänge müssen erkannt werden, um den Satz zu verstehen: *„Erziehung ist eine Funktion der Gemeinschaft."* Im Text heißt es: „Jeder Mensch steht vom Ursprung her auf Gemeinschaft." Gemeinschaft wird hier nicht im Sinne einer organologischen Auffassung verwendet; sie ist mehr als organische Einheit, nämlich geistige Einheit, Tateinheit. In dieser Tateinheit = Gemeinschaft werden die geistigen Akte der Liebe durch Du-Erfahrungen herausgefordert und gelebt. Mit anderen Worten: hier geschieht Erziehung. Menschsein ohne Gemeinschaft und damit ohne Erziehung würde seinen Sinn verlieren; der Mensch könnte überhaupt nicht existieren. Erziehung im Sinne des Vollzugs geistiger Akte und geistiger Einwirkung ist eben nur in „echten Gemeinschaften" möglich. „Echte" Gemeinschaft heißt: in ihr wird selbstloser „Dienst" am anderen Menschen schlicht und ohne Worte vollzogen.

Bildung ist Formwerdung

Vom Phänomen der Erziehung als einer „Urfunktion des Menschseins", in der Geist und Freiheit sichtbar werden, hebt Petersen die „*Bildung*" durch klare Unterscheidungen ab. In den meisten pädagogischen Systemen ist „Bildung" der Zentralbegriff. Folgerichtig müßten wir dann von Bildungswissenschaft oder Bildungspädagogik sprechen. Oft werden beide Grundbegriffe auch synonym gebraucht.

Während *Erziehung* ein Prozeß ist, der sich in der Gemeinschaft vollzieht und wie andere Lebensakte unabsichtlich und unbewußt in erlebten und gelebten Situationen mitwirkt, immer aber „Humanisierung" bezweckt bzw. den Prozeß der Humanisierung vorantreibt, bezieht sich *Bildung* auf die *Formwerdung* des Menschen. Sie wird sowohl durch die Entelechie des Individuums als auch durch Lernprozesse bestimmt und vorwärtsgetrieben. Bildung vollzieht sich also in Analogie zu organischen Prozessen. Es handelt sich um einen natürlichen Lebensvorgang, in dem Körperlich-Seelisches Gestalt annimmt, wobei Erfahrung und Umwelt mitwirken. In diesem Sinne schreibt Petersen in der „Führungslehre":

> „Das Sich-Bilden ist ein natürlicher Lebensvorgang und eignet allem Lebendigen; es ist auf der seelischen Seite ebenso natürlich wie auf der physiologischen Ernährung und Pflege des Körpers Lebensbedingungen und Lebensnotwendigkeiten sind. Sich-Bilden ist eine besondere Seite in der körperlich-seelischen Entwicklung; Körper wie Bewußtsein werden dadurch anlagemäßig zu der ihnen möglichen Form ausgestaltet. Rein auf die ,Form' gesehen, haben wir es mit einem Geistigen im Bildungsvorgang zu tun. Alles Bilden zweckt ab auf *Form*; sie ist darin als Ziel enthalten, ist allem bildungsfähigen Wirklichen eingebildet von Urbeginn. Wo wir demnach von Bildung reden, da stehen wir im letzten Grunde vor jenem geheimnisvollen Vorgange, in welchem Stoffliches ,sich formt', zur Form gelangt — etwas vom Dunkelsten, das uns umgibt." (18; 215)

Petersen bezeichnet das „Sich-Bilden" als einen „natürlichen Lebensvorgang", der in allem Lebendigen in Erscheinung tritt und sich als etwas Individuelles auswirkt. Der Kristall, der Baum, das Blatt, das Tier formen und bilden sich ebenso wie der Mensch, und zwar nach den Gesetzen, die in dem betreffenden Organismus angelegt sind, und die sich aus seiner „Individuallage" (Pestalozzi) und den Umweltbedingungen ergeben.

33

Dieses organische Werden muß — was die seelische Seite anbetrifft — „durch Zufuhr rechter und ausreichender Stoffe" gefördert werden. Das ist *eine* Aufgabe des Unterrichts. Sie besteht in der Darreichung der „rechten Nahrung" für die sich entfaltenden Kräfte und Funktionen des Kindes und Jugendlichen. Hier müssen Psychologie und Biologie die richtige Hilfe geben, indem sie mit aufzeigen,

> „wie man den Hunger und den Durst der Sinne und die intellektuellen Kräfte des jungen Menschen richtig erkennt und pflegt". (18; 215)

Bildung als Prozeß führt immer zu einem Ergebnis oder einem Zustand. *Bildung* ist *als Zustand* etwas Abgeschlossenes, „ein Besitz", der — ohne starr und verfestigt zu sein — an einen bestimmten Besitzer gebunden ist. Als organischer Werdeprozeß, der Lebens- und Wachstumsgesetzen folgt, unterliegt er ebenfalls einem geistigen Prinzip. Bildung zielt also immer auf Ausformung des Ich; Erziehung dagegen bildet die Du-Kräfte aus. Das Ich muß sich aber dem Du zur Verfügung halten. Daher muß an der Bildung des Menschen so gearbeitet werden,

> „daß die gewonnene Bildung zur allgemeinen Vergeistigung der Schüler beiträgt, sie als Menschen in ihrem Menschentum werthafter macht". (18; 215)

Petersen sagt sehr deutlich, daß der Mensch durch Bildung zwar „sozialen und erhöhten individuellen Wert" gewinnt, daß aber als Ziel gilt,

> „diese Werte im Dienst wahren Menschseins dem Geistigen im Menschenkind unterzuordnen". „Um wahrer Mensch zu sein, dazu gehört nicht die beste Schulbildung, noch höchste wissenschaftliche Leistung, auch bedingen sie jenes nicht. *Persönlichkeit sein ist mehr, und ist etwas anderes*". (18; 216)

Persönlichkeit ist nicht nur „Haltung", „Form"; sie ist aus den Tiefen der Person lebende und wirkende menschliche Existenz, die personale Entscheidungen im Angesicht des „Grundes" fällt; sie schafft aus einer „im Grunde" verwurzelten Gesinnung.

Unterricht geschieht unter der Idee der Erziehung und Bildung

Petersens Untersuchung und Deutung der Begriffe „Erziehung" und „Bildung" führen zu einem neuen Verständnis von Unterricht. Während die überlieferte Unterrichtslehre davon ausgeht, daß nach dem mißgedeuteten Wort von Sokrates „Tugend lehrbar" sei und demzufolge durch Unterricht im Sinne direkter Belehrung und Stoffvermittlung oder unmittelbarer und bewußter Erziehung eine sittliche Haltung entsteht (vgl. Herbart), macht Petersen gegenüber dieser sittlichen Bewußtseinsbildung, die im Rationalismus wurzelt, seine Vorbehalte. Er ist skeptisch gegenüber der Annahme, daß das eigentliche Ziel der Erziehung, nämlich Humanisierung, vorwiegend durch verbale und intellektuelle Akte erreicht wird. Humanisierung erlangt man nur durch die Tathandlung, und Erziehung vollzieht und bewährt sich in gegenseitigen humanen Akten. Daher muß der Unterricht neben der Aneignung von Kenntnissen und der Bildung von Erkenntnissen „pädagogische Situationen" schaffen, in denen die Schüler miteinander handeln können. Petersen setzt also dem „erziehenden Unterricht" der Herbartianer, dessen entscheidendes Merkmal in der „Bildung des Gedankenkreises" durch „Gesinnungsstoffe" besteht, die Forderung entgegen: *der Unterricht hat sich „unter der Idee der Erziehung" zu vollziehen.*
Das bedeutet: Im Unterricht wird das zwischenmenschliche Geschehen frei gegeben, so daß, wie das oben angeführte, längere Zitat von Petersen bereits aussagt, die „menschlichen (geistigen) Gefühle und Handlungen entstehen wie Güte, Liebe, Treue, Demut, Sich-Sorgen, Dienst . . .". Das Wesentliche im Unterricht ist also Erziehung im Sinne der Erweckung und Pflege einer guten Gesinnung. Diese sozial ethischen Verhaltensweisen sind aber nicht Gegenstand der Belehrung, sie müssen vielmehr gelebt werden. „Vergeßt nicht, zu üben die Kräfte des Guten!" mahnte schon Goethe. Aber die Schule übte und übt in erster Linie die Kräfte des Denkens, der Erkenntnis und verlagert(e) die Erziehung neben den Unterricht und in außerschulische Situationen. *Petersen überantwortet die nach seiner Auffassung wichtigste Aufgabe der Erziehung, nämlich sozial-ethische Verhaltensweisen zu pflegen und zu üben, dem Unterricht und der Schule.* Im „Schul- und Unterrichtsleben" sollen Arbeits- und Sozialformen entwickelt und durchgeführt werden, die die Schüler anregen und nötigen, sich gegenseitig zu helfen und Verantwortung im Umgang miteinander zu lernen. Der Unterricht soll also weitgehend „echte, wirk-

lichkeitsnahe Lebenssituationen" herbeiführen. Im Rahmen der So-
zialform „Unterricht" hat selbstverständlich auch die Bildung ihren
Ort. Ausdrücklich heißt es bei Petersen:

> „Unterricht ist ein Mittel der Bildung; ein Mittel unter anderem, mit
> welchem der Erwachsene, in den Schulen die Lehrer, die Fremd- und
> Selbstbildung des Kindes wie des Menschen schlechthin unterstützt, die
> jeweilig entwickelten bio-psychologischen Entwicklungsmöglichkeiten
> fördert, zu formen, zu kräftigen, eben zu bilden unternimmt". (18; 215)

Die Vorrangstellung des Erzieherischen im Unterricht zwingt zu einer
völligen Umgestaltung des Unterrichts. Der Unterricht dient nicht in
erster Linie der direkten Belehrung durch den Lehrer; er ist vielmehr
eine Veranstaltung für die gemeinsame Arbeit von Schülern und
Lehrern und will kreative Kräfte freisetzen. Nur in einer Bildungspädagogik konnte ein Kampf um Wert, Vorrang und Zahl der Bil-
dungsfächer entstehen, aus denen dann Wissensfächer wurden; nur
hier konnte unterrichtsmethodisches Denken diese Vormachtstellung
erhalten, die sie heute noch oder wieder besitzt. Lehrerausbildung
aus dieser Sicht vermittelt in erster Linie Aneignungsmethoden, die
darüber Auskunft geben, wie der jüngeren Generation schnell, sicher
und gut „Bildung" (= Kenntnis) einzupflanzen ist. Dabei ist es letztlich gleichgültig, ob es sich um Gesamtunterrichts-, Arbeitsschul- oder
Lernschulmethoden handelt. Der Mensch als Gemeinschaftswesen
tritt im pädagogischen Akt jedenfalls immer hinter den Stoff und die
Methode.
Diese Auffassung hat Petersen überwunden und dem Primat der Erziehung auch auf dem Sektor des Unterrichts zum Durchbruch verhol-
fen. Das heißt nun nicht: Ablehnen alles Methodischen, sondern vielmehr einordnen in und unterordnen unter die Idee der Erziehung,
entwickeln von Arbeitsformen, die freie Bildungsarbeit unter gegenseitiger Hilfe und Verantwortung ermöglichen.
Wissenschaftstheoretisch und für das System der Erziehungswissenschaft ist aus den vorstehenden Ausführungen noch folgender Gedanke wichtig: Alles planvolle und absichtliche pädagogische Handeln, die
Pädagogik, wird bei Petersen Teildisziplin der umfassenderen Erziehungswissenschaft:

> „Pädagogik ist Wissenschaft der Pädagogie, d. h. Wissenschaft von der
> Führung, von der bewußten Erziehung und der absichtlichen, planvollen
> Bildung der Kinder und Jugendlichen." Sie wird „durch diejenige Wis-

senschaft begründet und geklärt, innerhalb deren sie ihren Ursprung nimmt, nämlich innerhalb der Erziehungswissenschaft. Diese hat zum Gegenstand die gesamte Erziehungswirklichkeit, in welcher der Mensch sein ganzes Leben hindurch bis zum Grabe steht und die weit mehr in sich begreift als nur das bewußte Erziehen von Mensch zu Mensch." (16; 48)

Wir fassen zusammen:

Das Ziel der Arbeit Petersens im Hinblick auf die erziehungswissenschaftliche Grundlegung lautet also: *Auf- und Ausbau einer „illusionsfreien Erziehungswissenschaft"*. Das will besagen: Das Menschenbild ist illusionslos und damit zugleich realistisch. Ihm liegt der Realismus zugrunde, wie er von *Wilhelm Wundt* — dem bedeutendsten Lehrer Petersens — vertreten worden ist. Der Realismus steht in scharfem Gegensatz zum überlieferten Idealismus, der in seiner Grundstruktur die Substanz des Seienden als Idee faßt und eine vom erkennenden Subjekt abhängige, nur dem Bewußtsein gegebene Außenwelt anerkennt. Der Realismus geht dagegen vom Seienden aus, er läßt keine Zweifel darüber aufkommen, daß Erkennen möglich ist und sondert die Welt nicht in einen geistigen und einen materiellen Bestandteil; er wahrt die Bedeutung, die beide Seiten in ihrem Einfluß auf die Wirklichkeit haben; er überwindet den Gegensatz von Natur und Geist, Leib und Seele, Denken und Sein; sie bilden für ihn eine organisch differenzierte Einheit. Im menschlichen Bereich werden die Bindungen bejaht, die dem Menschen durch das gesellschaftliche Leben verpflichtend gesetzt sind. Der Realist weiß, daß er über sein Menschentum nicht frei verfügen kann, sondern daß mit ihm ein Kreis von Menschen lebt, dem er nicht ausweichen kann und dem er sich als ganze Person zu stellen hat. Erst in solcher Begegnung wird ihm sein Selbst verständlich, d. h. von den Wirklichkeiten her, die in sein Selbst eingreifen und es mitbestimmen. Die Unfaßbarkeit, Unbegreiflichkeit und Rätselhaftigkeit dieses Lebens werden damit keineswegs geleugnet. Im Gegenteil, Leid, Irrtum, Schuld, Sünde, Not usw. werden als zu diesem Leben gehörend bejaht; sie sind wesentlich für menschliches Leben, das in Auseinandersetzung mit diesen Bereichen die eigene Begrenztheit und Schwäche erfährt, und innerhalb dieses Lebens in Widersprüchen bilden und steigern sich die Personkräfte.
Erziehung und Unterricht gehören dieser Grundanschauung zufolge ebenfalls mit zu den Seinsgegebenheiten dieser Welt. Im Rahmen ihrer Veranstaltungen werden Dinge und Menschen „unromantisch

und illusionslos" ‚behandelt'. Das Kind wird naturwahr in seiner Welt und seinem Schicksal gesehen und ist nicht Objekt normativer Beeinflussungen von außen wie in der herbartischen und idealistischen Bildungspädagogik. Der pädagogische Realismus sieht es nicht als seine Aufgabe an, die Welt des Schülers durch Stoff und Methode einzuengen. Es geht ihm vielmehr um ein Verstehen der kindlichen Lebensäußerungen und -gestaltungen, um von da aus dem jugendlichen Menschen Führungs- und Entwicklungshilfen zu geben, die ihm sein Leben in Freiheit und Selbstverantwortung vor Gott und den Menschen wahrhaft und schön machen. Jede Menschenführung hat daher immer „unter Ehrfurcht vor dem Leben und unter der Idee der Erziehung" zu geschehen. Diese Zielsetzung tritt in der Praxis des Jena-Plans deutlich in Erscheinung.

4. Schulwirklichkeit des Jena-Plans

Die *Erziehungswissenschaft* bearbeitet und begründet die Fragen nach dem Wesen und Sinn des Seienden und der Erziehung. Der *Pädagogik* obliegt es, die Fragen der bewußt-pädagogischen Vergemeinschaftung, der erzieherischen Führung, der Auswahl der Lerninhalte und ihrer Ein- bzw. Unterordnung unter die tragende Idee der Erziehung zu beantworten. Unter dem Aspekt des pädagogischen Realismus werden diese Fragen neu gelöst. Von der realistischen Einstellung zu Welt und Mensch muß man auch Petersens Beitrag zur *Praxis der „Neuen Erziehung"* betrachten.

Petersen hat die „alte Schule", d. i. die Schule, wie sie durch die Pädagogik der Herbartianer entstanden ist, einmal treffend als „Lehrerschule" bezeichnet. Damit will er sagen: Der Lehrer besitzt in jeder Beziehung Vorrangstellung in der Schule. Lehrstoff und Arbeitsmethoden werden von ihm ausgewählt und geordnet. Für den Schüler besteht ein Zwang, sich diese vorgeschriebenen Stoffe nach einem genormten Weg anzueignen. Das Interesse hierfür muß oft erst künstlich, durch methodische Kniffe, geweckt werden. Die eigentlichen kindlichen und jugendlichen Interessengebiete betreibt der Schüler meist neben der Schule in der Freizeit. Ein solcher Riß zwischen Schule und Leben ist aber bedenklich. Außerdem hat sich die „alte Schule" einseitig an den Intellekt gewandt und für sittliche *Handlungen* wenig oder keinen Raum gegeben.

Petersen hat die Gefahren *dieser* intellektualisierten Schule für die Menschenbildung immer wieder hervorgehoben. Er hat nun aber keineswegs eine Ablösung der Schule als Bildungsanstalt und eine einseitige Hinwendung zur Schule als Erziehungsgemeinschaft gefordert. Diese Lösung wäre platt, billig und unwahr. Er suchte vielmehr eine Synthese, in der die Urgegebenheiten des Menschenlebens wie Erziehung und Bildung zur Wirkung kommen. Seine Ausgangsfrage lautete daher:

> „Wie muß diejenige Erziehungsgemeinschaft gestaltet werden, in welcher sich ein Menschenkind die für es beste Bildung erwerben kann, eine Bildung, die seinem, in ihm angelegten und treibenden Bildungsdrange angemessen ist und die ihm innerhalb dieser Gemeinschaft vermittelt wird und ihn reicher, wertvoller zur größeren Gemeinschaft zurückführt, ihn als tätiges Glied ihr wiederum übergibt. (3; 107)

Petersen hat also keine Revolution auf pädagogischem Gebiet herbeiführen wollen, sondern eine Reform im Sinne einer organischen Neubildung. Er hat sich der Vergangenheit — vor allem *Pestalozzi* und *Fröbel* — stark verpflichtet gefühlt, so daß ihm aus dieser Verwurzelung heraus ein Bruch nicht möglich gewesen wäre. Im Unterschied zu anderen Erziehungswissenschaftlern ist Petersen aber Aktivist. Er hat nicht nur *über* neue Pädagogik gelehrt, *sondern zugleich eine neue Pädagogik gestaltet.*

Petersen führt in der Universitätsschule einen Schulversuch durch: den Jena-Plan

Seine Gedanken und Ideen hat Petersen in der Jenaer Universitätsschule erproben können. Die ersten Ergebnisse legte er bereits 1925 in einer Schrift vor, die er zusammen mit seinem damaligen Assistenten, *H. Wolff*, verfaßt hat: „Eine Grundschule nach den Grundsätzen der Arbeits- und Lebensgemeinschaftsschule". (Vgl. 4) Über die *Vorteile* des Schulversuchs heißt es dort:

> „Auf unterrichtlichem Gebiete wird in solcher Arbeits- und Gemeinschaftsschule keine Kraft gehemmt, die zur Entfaltung drängt, jeder wird die Möglichkeit gegeben, sich zu betätigen ... Das freie individuelle Fortschreiten des einzelnen Kindes ist gewährleistet, ferner reichste Möglichkeit gegenseitiger Belehrung, die Möglichkeit der Einzelbehandlung ist hier besser gegeben als sonst, die Entfaltung der pädagogischen und sittlichen Führereigenschaften der Kinder." (4; 19)

Zwei Jahre später — also 1927 — hat Petersen in Locarno auf dem IV. Kongreß des „Weltbundes für Erneuerung der Erziehung" — er gehörte dem „Weltbund" von Anbeginn an — über seinen Jenaer Schulversuch berichtet. Von den Teilnehmern des Kongresses ist Petersens Bericht über „Eine freie allgemeine Volksschule nach den Grundsätzen Neuer Eriehung" als „Jena-Plan" bezeichnet und seitdem unter diesem Namen in der Fachwelt bekannt geworden.

Wie heißen die kennzeichnenden Merkmale dieser — wie Petersen auch sagt — „Lebensgemeinschaftsschule"?*

1. Stammgruppen statt Jahresklassen

Petersen hat den „starren" Klassenverband aufgelöst und die Schüler in *Stammgruppen* zusammengefaßt. In der Regel befinden sich die Kinder des 1. bis 3. Schuljahres in der *Untergruppe,* des 4. bis 6. Schuljahres in der *Mittelgruppe* und des (6.)/7. bis 8. Schuljahres in der *Obergruppe.* Bei 10jähriger Schulzeit — Petersen hat eine 10jährige allgemeine freie Volksschule für alle Kinder gefordert — gehören die Schüler des (8.)/9. bis 10. Schuljahres zur *Jugendlichengruppe.* Gegenüber dem bekannten „Treppensystem", das auch heute noch als die gültige Grundform der Schulorganisation angesehen wird, ist im Jenaplan das *Prinzip des Altersstufenaufbaues* verwirklicht, d. h., Schüler, die aufgrund ihrer Entwicklung einer Altersstufe angehören, werden unterrichtlich zu einer Stammgruppe zusammengefaßt. Die nachfolgende Übersicht auf Seite 41 gibt einen Einblick in die Organisationsform des Jenaplans und deutet auch in Umrissen die inhaltlichen Schwerpunkte an.

Die Gruppierung der Kinder nach Altersstufen beruht auf sorgfältig durchgeführten Versuchen sowie auf den Erkenntnissen der Psychologie über die Altersreihe. Alle diese Untersuchungen weisen auf eine entwicklungs- und erziehungsmäßige Zusammengehörigkeit von rund drei Jahrgängen im Gemeinschaftsleben hin. Der Vereinigung von jeweils drei Jahrgängen liegt also keineswegs Willkür zugrunde, noch ist sie den weniggegliederten Landschulen abgeschaut, die aufgrund äußerer Notwendigkeiten mehrere Jahrgänge zusammenfas-

---

* Der Begriff „Lebensgemeinschaftsschule" setzt sich zusammen aus „Lebensschule" und „Gemeinschaftsschule", d. h., diese Schule will Lebensaufgaben lösen und für das Leben erziehen; sie baut auf den tragenden Kräften der Gemeinschaft auf und setzt sich Gemeinschaftsbildung zum Ziel. „Lebensgemeinschaftsschule" heißt also nicht: Schule will „Lebensgemeinschaft" sein bzw. werden. Diesen Auftrag kann sie nicht erfüllen.

Schuljahr		Lebensalter
10.	*Jugendlichengruppe*	15.
	Berufsvorbereitende Bildung — gem. Gruppenunterricht, daneben Fachkurse mit Wahlmöglichkeit (Orientierungsmöglichkeit)	
9.		14.
8.	*Obergruppe*	13.
	Fortsetzung und Vertiefung der Arbeit der Mittelgruppe — Gruppenunterricht — Bearbeitung gesellschaftl. Fragen — Verstärkung der fachl. Kurse — größere Wahlmöglichkeit; evtl. zweite Fremdsprache — stärkeres Hinzutreten von Fachlehrern	
7.		12.
6.	*Mittelgruppe*	11.
5.	Gruppenarbeit in Kultur-, Erd- und Naturkunde — Niveaukurse in Sprachlehre und Rechnen — Wahlkurse nach Bedarf — Fachkurse: z. B. 1. Fremdsprache oder Geschichte oder Physik — Gemeinschaftsformen: mus.-gymn. Erziehung — Religion — Gruppenlehrer, daneben Fachlehrer	10.
4.		9.
3.	*Untergruppe*	8.
2.	Einführung in die Grundtechniken — Erarbeitung des Lesens, Schreibens, Rechnens — Freies Arbeiten in Gruppen — Lernspiele — Gespräche über Themen mit heimatkundl. und sachkundl. Inhalt — Gesamtunterricht (im Sinne B. Ottos) — Malen — mus.-gymn. Erziehung — Religion — in der Regel Einlehrersystem	7.
1.		6.

sen müssen bzw. nach Abbau der „Zwergschulen": mußten, den Unterricht selbst jedoch vielfach klassenweise führen bzw. führten.

Petersen begründet diesen Altersstufenaufbau außerdem vom „Bankerott der Jahresklasse" her. An Hand einer reichen Statistik zeigt er, daß bis zu 50% der Schüler während ihrer Pflichtschulzeit ein- bis zweimal gescheitert sind. Wenn sich diese Verhältnisse aufgrund einer gewandelten Einstellung der Lehrerschaft zum Kind und zum Lerninhalt in der Gegenwart gebessert haben, so ist das Sitzenbleiberproblem insgesamt keineswegs zur Zufriedenheit gelöst worden. Das Jahresklassensystem wird immer ein Hinderungsgrund sein, das Sitzenbleiben völlig auszuschalten, da Jahrespensen vorgeschrieben sind, die aber nicht von allen Schülern in jedem Fach erreicht werden. Die Schüler selbst können aber nicht geändert werden. „Darum" — so folgert Petersen — „ist das Schulwesen — und in erster Linie das Schulleben — selbst zu ändern." (10; 29)

Die *Vorteile der Gliederung nach Stammgruppen statt nach Jahresklassen* liegen vor allem in der Tatsache, daß ein „Bildungsgefälle" (O. Kroh) unter den Schülern entsteht. Das macht überhaupt erst ein „Unterrichtsleben" im Sinne des Jenaplans möglich. Die Altersspannungen innerhalb der *Stammgruppe* sind andererseits nicht so groß, daß gute Arbeitsverhältnisse und ein Miteinander ausgeschlossen werden. Die drei Jahrgänge verhalten sich zueinander wie *Lehrling, Geselle* und *Meister*. Jedes Kind steht dreimal in der Situation des Lehrlings, und kein Schüler geht als „Führerkind" einer Tisch- oder Stammgruppe durch die ganze Schule hindurch. Jeder Schüler muß sich mehrmals neu einordnen. Sehr günstig wirkt sich diese Gruppierung für die Schulanfänger aus, von denen nur ein Drittel der sonst üblichen Zahl in die Untergruppe aufgenommen wird. Alles in allem: Schon die äußere Organisation des Jenaplanes hat einen gesunden körperlich-seelisch-geistigen Wachstums- und Sozialisationsprozeß des Kindes im Auge. Der Blick ist auf das Kind und den Schüler gerichtet.

2. Wochenarbeitsplan statt „Fetzenstundenplan"

Der Gruppenaufbau erfordert eine Umgestaltung des *Wochenstundenplans*. Schülergruppen verschiedenen Alters lassen sich nur unter Schwierigkeiten nach dem überlieferten Stundenplan unterrichten. Petersen setzt daher an Stelle des sog. „Fetzenstundenplans", in dem ein Fach das andere unorganisch ablöst, den „Wochenarbeitsplan". Dieser *Arbeitsplan* paßt sich dem Tages- und Wochenarbeitsrhythmus des jungen Menschen an.

Die Organisation nach Stammgruppen und der Unterricht nach einem Wochenarbeitsplan bilden sozusagen die Voraussetzungen für das neue Schulleben, das Petersen fordert. Das Kernstück bildet die Gruppenarbeit (s. w. u.).

Der *Wochenarbeitsplan* gliedert sich ganz allgemein in — wie Petersen sagt — „pädagogische Situationen". Darunter versteht er:

„Einen problemhaltigen *Lebenskreis* von Kindern oder Jugendlichen um einen *Führer*, von diesem in *pädagogischer Absicht* derart geordnet, daß jedes Glied des Lebenskreises genötigt (gereizt, aus sich herausgetrieben) wird, *als ganze Person* zu handeln, *tätig zu sein*". (18; 20)

In der *ersten Vormittagsstunde* liegen die sogenannten *Niveaukurse* (50 Minuten) für Deutsch und Rechnen. Hier finden sich die Kinder zusammen, die auf *gleichem oder ähnlichem* Niveau stehen. Ein Deutschkurs z. B., in dem der Rechtschreib- und Sprachlehrstoff des 5. Schuljahres zu behandeln ist, wird vorwiegend von Kindern des 5. Schuljahres besucht. Es werden aber auch begabte und im Arbeitstempo schnellere Kinder des 4. Jahrgangs, weniger begabte bzw. langsamer arbeitende Kinder des 6., 7. oder gar 8. Schuljahres teilnehmen. Die Anzahl solcher Niveaukurse richtet sich nach der Anzahl der zur Verfügung stehenden Lehrkräfte.

Dem Niveaukurs folgen 100 Minuten *Gruppenarbeit*. Sie sind thematisch von der Kultur- oder Naturkunde her bestimmt. Hieran schließt sich eine *Pause* von 35 Minuten an. Sie *zerschneidet* den Vormittag in zwei Hälften, beginnt mit einem gemeinsamen Frühstück und Vorlesen im Gruppenraum und endet mit Turnspielen und freiem Spiel. Nach der Pause finden entweder wieder 100 Minuten Gruppenarbeit oder Kurse statt, u. a. auch Wahlkurse für bestimmte Interessengebiete.

Die Wochenarbeit beginnt und schließt mit einer *Gemeinschaftsveranstaltung*, zu der man sich in den „Kreis" setzt. Der „Kreis" ist eine beliebte Bildungssituation des Jenaplans. Er eignet sich besonders für *freies Unterrichtsgespräch*.

Die Wochenarbeitspläne aus der Jenaer Universitätsschule sowie aus verschiedenen anderen Schulen, die auf den nächsten Seiten wiedergegeben sind, zeigen bei aller Abweichung die folgenden, grundlegenden „pädagogischen Situationen" des Jenaplans:

1. *Gruppenarbeit* als Kernstück, obwohl sie nur $16^2/_3\%$ (Untergruppe) bis $23^1/_3\%$ (Obergruppe) der gesamten Schularbeit ausmacht;

2. *Kurse* in den verschiedensten Formen als

   a) *Einschulungs- und Übungskurse* für Schulanfänger (beispielsweise für das Lesen oder zur Einführung in die „Elementargrammatik" — das sind die Grundtechniken bzw. das Grundwissen, durch deren Beherrschung sich ein Kind weiteren Zugang zu einem Gegenstand verschaffen kann — oder in den Gebrauch erdkundlicher Arbeitsmittel); sie nehmen $20\%-26^2/_3\%$ der Schularbeit ein;

   b) *Wahlkurse* für besondere Interessengebiete und Begabungen ($16^2/_3\%-23^1/_3\%$);

   c) *Niveaukurse* (s. o.) — ($3^1/_3\%-6^2/_3\%$);

3. *Kreis,* in dem das „bildende Gespräch" gepflegt wird, wie es u. a. auch *Berthold Otto* und sein Schüler *Joh. Kretschmann* entwickelt haben (vgl. 62a), sowie andere Gemeinschaftsformen wie *Feier* und *Freie Arbeit;*

4. *Große Pause* (s. o.). Für Nr. 3 und 4 sind je nach Stammgruppe 3%
bis 33^1/$_3$% der Schularbeit vorgesehen.

Nach den folgenden Wochenarbeitsplänen ist in der Jenaer Universitätsschule gearbeitet worden:

Zeit	Montag	Dienstag	Mittwoch	Donnerst.	Freitag	Sonnabd.
8.00— 9.00		Sprach-lehre	Rechnen	Rechnen	Sprach-lehre	Rechnen
9.00—10.35	Morgen-feier Kreis	Gruppenarbeit			Naturkdl. Gruppen-arbeit	Werkarb. Handarb. Kochen
10.35—11.20	Turnen — Frühstück — Freizeit					
11.20—12.00	Religion	Literaturkreis		Gruppen-arbeit	Naturkdl. Gruppen-arbeit	Freie Arbeit
12.00—13.00		Turnen	Gesang	Turnen	Mädchen-Gymnastik	Wochen-schluß Krs.
	15.00—17.00 Freie Werk-arbeit				15.00—16.30 Spiel-turnen	

Zeit	Montag	Dienstag	Mittwoch	Donnerst.	Freitag	Sonnabd.
8.00— 9.00		Kurse	Kurse	Kurse	Kurse	Kurse
9.00—10.40	Morgen-feier Kreis	Kulturkundl. Gruppenarbeit			Naturkdl. Gruppen-arbeit	Wahlkurse n. Bedarf
10.40—11.15	Pause: Frühstück — 10 Minuten — Turnen — Spiel					
11.15—12.00	Kulturkundl. Gruppenarbeit			Naturkdl. Gruppen-arbeit	Gestal-tungs-lehre	Freies Arbeiten
12.00—13.00	Einschulungs- und Übungskurse (nach Bedarf)				Zeichen Werk-unterricht	Wochen-schluß
		Sport-nachm.			Gestal-tungs-lehre	

Andere Pläne zeigen ein noch stärkeres Abweichen und eine noch stärkere Abkehr von den Fächern. Das zeigt: Petersen kommt es nicht auf die Übernahme seines in Jena praktizierten Wochenarbeitsplanes an, sondern ganz allgemein auf die Überwindung des starren Stundenplanes und der Fächerung. Hierfür hat er Anregungen geben wollen.

In diesem Sinne hat z. B. die Versuchshauptschule in Kirchbach/Steiermark Stundentafeln entworfen, die sich an den Wochenarbeitsplan des Jenaplans unter Beibehaltung des Jahresklassensystems anlehnen. Dabei galt es, all die Schwierigkeiten zu überwinden, die das Fachlehrersystem in der Hauptschule (in der BRD: Realschule), die Zubringungsmöglichkeiten der Fahrschüler, Schulraumnot u. a. mit sich bringen. Die Schule übernahm das *Blockstundensystem;* außerdem wurden die Fächer zu Fachgruppen zusammengefaßt. U. a. sind Deutsch, Geschichte, Erdkunde zur Kulturkunde (KK), die Fächer Rechnen, Raumlehre (M), Naturgeschichte (Ng) und Naturlehre (Nl) zur Naturkunde (NK), weibliche Handarbeit (wHa) und Knabenhandarbeit (KnHa) zur Gestaltungslehre (GL), die Fächer Religion (Rl), Singen (Si) und die Schulfeiern zu Gemeinschaftsformen vereinigt worden. Englisch (Engl.), Kurzschrift (Steno) und Hauswirtschaft (Hw) werden in eigenen Kursen erteilt.

Der Wochenplan für die 3. Klasse (= 7. Schuljahr) zeigt folgenden Aufbau! Die Stundenzeiten wechseln im Laufe der Woche aus ortsbedingten Verhältnissen.

Montag		Dienstag		Mittw.	Don'tag	Freitag	Sonnabend	
7.50—	— Rl —	7.50— 8.40	—Engl.—	M-Kurs	D-Kurs	M-kurs	—wie Mo.—	—NK—
— 9.30		8.40—		—NK—	—KK—	—NK—		
10.10—	Steno	—10.30	—KK—					Gl
—11.50		11.00—		— Gl —	— KK —			
11.50—12.40	Engl.	—12.40						Si
		13.30—		— Gl —		13.30—	—Gl—	
		—15.10			Sport	—15.10		

——— = geformte Pause

In dem Bericht über diese Versuchsarbeit finden wir auch Stundenbilder, die die „schulische Arbeit in den Blockstunden nach dem Jena-

Plan" darstellen. Aus den Protokollen entnehmen wir ein Arbeitsthema der 4. Klasse (= 8. Schuljahr, Abschlußklasse):

„Ein Unterrichtsblock vor der Pause mit 150 Minuten und ein anderer nach der Pause mit 100 Minuten.
Deutsche Unterrichtssprache, Geschichte.
Themen: Rechtschreibkurs, Stilkunde, Literatur — Pause — Staatsbürgerkunde.
a) *Der 150-Minutenblock bis zur Pause.*
1. Thema: Rechtschreiben (Zeichensetzen, Beistrich).
5 Minuten: Arbeitsanweisungen
(Tischgruppen).
30 Minuten: Gruppendiktate. Gruppenarbeit als Kursarbeit.
15 Minuten: Klassendiktat und Schülerkorrektur als Einzelarbeit (Tische in Frontalstellung).
2. Thema: Stilkunde (Schilderung und Beschreibung).
5 Minuten: Arbeitsanweisungen
(Tischgruppen).
40 Minuten: Erarbeitung an Hand der „Lustigen Aufsatzhefte" von Schratzer-Stelzl. Gruppenarbeit.
20 Minuten: Zusammenfassung im Berichtkreis, Klarstellungen durch die Lehrkraft (Kreis).
3. Thema: Literatur, Adalbert Stifter.
35 Minuten: Lehrervortrag und Stifterlektüre (Berichts- und Lesekreis).
b) *Der 100-Minutenblock nach der Pause.*
4. Thema: Staatsbürgerkunde (Lehrgang!).
50 Minuten: Werden der Österreichischen Verfassung (Lehrervortrag im Kreis).
25 Minuten: Merktext nach Lehrervortrag (frontale Tischordnung).
25 Minuten: Wochenendkreis (Wochenarbeitsplan, Gemeinschaftsfeier).
Vorteil: Ablauf eines Tagesrhythmus ohne Wechsel der Fachgruppe (hier: Kulturkunde), ohne Wechsel der Lehrkraft." (29)

In diesem Protokoll überwiegt die Bindung an den Fachunterricht. Andererseits wird die Übereinstimmung mit Forderungen des Jena-Plans deutlich: In der Schule wird ein arbeitsbetonter, selbständiger und die Gemeinschaftskräfte aktivierender Unterricht durchgeführt. Kurse, Gruppenarbeit und Gemeinschaftsformen wechseln einander ab. Der Bericht über diese Versuchsarbeit gibt gute Hinweise für die Umstellung einer Schule auf den Jena-Plan. (29; 624 ff.)
Der *Wochenarbeitsplan des Jena-Plans* ist den Schülern der Universitätsschule nicht „gegeben" worden; er hat sich vielmehr aus der Zusammenarbeit mit den Schülern nach Einführung freierer Arbeits-

formen langsam entwickelt. Die Stadien dieser Entwicklung kann man in dem Bericht von Petersen-Wolff nachlesen. (4; 32—37) Jede Schule wird hinsichtlich des Wochenarbeitsplanes aufgrund örtlicher Bedingungen eigene Wege gehen müssen. Als vorteilhaft hat sich für große Schulsysteme mit Jahresklassenorganisation folgender Plan (eigener Vorschlag) herausgestellt, den wir — diese Frage abschließend — hier zur Diskussion stellen:

Zeit	Montag	Dienstag	Mittwoch	Donnerst.	Freitag	Sonnabd.
40 Min.	*Musisch-gymnastische Einstimmung* (Bewegung, Spiel, Feier, Gedicht, Lied, Gespräch, Religion u. a.)					
5 Min.	Pause zum Umräumen					
100 Min.	*Studienzeit* Gesamt-, Gruppen-, Epochal-, Fachunterricht je nach Bedarf 1.—3./4. Schulj.: heimatkundlicher Gesamtunterricht; allgemeinbildender Unterricht um Sachganzheiten. 4./5.—6. Schulj.: kultur- oder naturkundlicher Gesamtunterricht; fachlicher Epochalunterricht; Gruppenunterricht. 7.—9. Schulj.: wie vorher, jedoch mit Blickpunkt auf Gesellschaftskunde.					
30 Min.	Pause: Spiel, Sport — Frühstück					
90 Min.	*Kurse* (Übung, Wiederholung, Einprägung)					
10 Min.	Pause					
30 Min.	*Musisch-gymnastischer Ausklang* (Inhalt wie oben)					
90 Min.		Sportnachmittg.		Werken, Handarbeit	Kochen	

Der Vorteil *dieses* Vorschlags ist gegenüber den vorher aufgeführten Plänen darin zu sehen, daß

1. er weit mehr den Tagesarbeitsrhythmus beachtet. Der Schultag beginnt mit einer musischen Einstimmung und fordert vom Schüler nicht sofort straffe Arbeit, die in den Kursen vorausgesetzt wird,

2. die ersten Stunden in der Hand des Klassenlehrers liegen, erst nach der großen Pause gliedert sich die Schularbeit in verschiedene Kurse mit Fachlehrern auf,

3. die Klassen- bzw. Gruppengemeinschaften zum Schluß des Schulvormittags noch einmal zu einer Besinnung zusammentreten.

Dieser Plan folgt dem Rhythmus von Geschlossenheit — Auflockerung — Geschlossenheit während des Schultages. Innerhalb der einzelnen Situationen besteht große Freiheit und Beweglichkeit. Das betrifft vor allem den Block „Studienarbeit". Die Arbeitsmöglichkeiten sind auf dem Plan selbst angedeutet. Die Angaben sind als Vorschläge zu betrachten. Es besteht jederzeit die Möglichkeit, aufgrund ortsbedingter Voraussetzungen die „pädagogischen Situationen" zu vertauschen. Sie sind in ihrer Struktur jedoch „rein" zu halten. So sollte man beispielsweise eine Gruppenarbeit nicht durch Übungen unterbrechen. Das Üben gehört eben in die Kurse.

Alle hier aufgeführten Pläne stimmen darin überein, daß die Dominanz der Fächer gebrochen ist und ein überfachliches Arbeiten in Projekten, Vorhaben oder thematischen Einheiten möglich ist. Das ist ein wichtiges Ziel, das Petersen immer wieder betont hat.

3. Gruppenunterrichtliches Verfahren neben Fachunterricht

Das *„innere"* Schulleben des Jena-Plans wird vor allem von der *Gruppenarbeit* bzw. dem *gruppenunterrichtlichen Verfahren* bestimmt. Die Gruppenarbeit findet innerhalb der Stammgruppen (Unter-, Mittel-, Ober- und Jugendlichengruppe) statt. Die Kinder setzen sich nach eigener Wahl zu Tischgruppen von 2 bis 6 Schülern zusammen und arbeiten an einem Thema, das die Gruppe aufgrund von Vorschlägen und nach Übereinkommen zu bearbeiten sich vorgenommen hat. Dabei „helfen" sich die Schüler untereinander. Diese Form des Unterrichts ermöglicht „freies Arbeiten" und die Anwendung von Methoden, die die Selbsttätigkeit betonen. Da jeder Schüler an der Planung und Ausarbeitung mit beteiligt ist, wird ein hohes Maß von Aktivität und Selbständigkeit gefordert und erzielt. Über diesem individuellen Ziel steht jedoch das soziale. Die Schüler sollen die Aufgaben durch Zusammenarbeit lösen. Im gruppenunterrichtlichen Verfahren handelt es sich vor allem um Gemeinschaftsarbeit. Jeder Schüler soll an den Planungen und Ausarbeitungen seiner Tischgruppe teilnehmen, die Tischgruppe wiederum an denen der Stammgruppe, wenn das Werk als Ganzes gelingen soll.

Der *Verlauf* einer Gruppenarbeit weist folgende Abschnitte auf: Nach vorangegangener Wanderung oder einem Museumsbesuch oder einer Besichtigung oder aufgrund eines Problems aus einer früheren

Gruppenarbeit bzw. einem Fachkurse wird ein *Rahmenthema* festgelegt, das in einem Gespräch vorgeklärt und gegliedert wird. Hat der Lehrer den Eindruck, daß die Stammgruppe an diesem Thema interessiert ist und ein Verlangen nach Vertiefung besteht — was nicht ausschließt, daß der Lehrer seinen Schülern hin und wieder ein Thema zur Bearbeitung vorschlägt —, wird es ausgeführt. Zunächst wird dann ein *Arbeitsplan* entworfen, der in Unterthemen aufgeteilt wird. Die weitere Bearbeitung der Einzelthemen übernehmen die einzelnen Tischgruppen.

Im Anschluß an diese *Stoffplanung* erfolgt die *eigentliche Arbeit*, die von den Gruppen schrittweise bewältigt wird. Die Arbeitsergebnisse in Form von Niederschriften, Bildersammlungen, Zeichnungen, Skizzen, Karten, Modellen usw. werden in Gruppenarbeitsheften oder Mappen zusammengefaßt, ein Schülervortrag für den „*Berichtkreis*" ausgearbeitet und das Arbeitsergebnis in Merksätzen festgelegt.

Mit dem *Bericht* beginnt die dritte Stufe der Gruppenarbeit: die *Zusammenfassung* oder das *Überdenken*. An jeden Vortrag schließen sich Fragen und Aussprachen an, deren Ergebnisse ebenfalls in den Arbeitsheften festgehalten werden.

In der *Untergruppe* bezieht sich die Gruppenarbeit auf das gemeinsame Erlernen des Lesens, Schreibens und Rechnens. Außerdem wird hier gemalt, gezeichnet und gebastelt. Es handelt sich aber nicht nur um ein Erarbeiten und Üben der Grundtechniken. Die Kinder schreiben auch Erlebnisse nieder, entwerfen neue Arbeitsmittel, Lernspiele u. a. m. Die Inhalte der Gruppenarbeit in der *Mittel-, Ober- und Jugendlichengruppe* sind aus der Übersicht über die Organisationsform des Jenaplans zu ersehen, die wir oben skizziert haben. Während dieser Schülerarbeit hat der *Lehrer* die Aufgabe, zu beraten, zu helfen und zu überprüfen. Er muß die Arbeit verfolgen und vor allem auch die Arbeitshaltung der Schüler sowie das Arbeits*verhalten* im sozial-ethischen Sinne mit beeinflussen.

Innerhalb der Gruppenarbeit treten alle „*Urformen der Bildung*" auf: Das *Gespräch* findet vorwiegend zu Beginn der Arbeit statt. Das *Spiel* finden wir besonders in der Untergruppe, in der an Hand von Lernspielen die Grundtechniken angeeignet werden sollen. Es wird jedoch auch in späteren Jahren „gespielt", z. B. während eines Erdkundespiels, beim Bau eines Modells, das nach der Fertigstellung zum „Spiel" verwendet wird, oder bei einem Stegreifspiel. Über die dritte Grundform — die *Arbeit* — haben wir bereits in den vorangehenden Ausführungen gesprochen, und wir kommen später noch einmal darauf zurück. Die *Feier* kann die Gruppenarbeit einleiten, begleiten oder beenden. Aus dem Thema „Bedeutende Naturwissenschaftler" können z. B. Leben und Werk einzelner Persönlichkeiten bearbeitet und die Ergebnisse an einem Elternabend oder in einer Schulfeier vorgetragen werden. Ein recht geführter Gruppenunterricht hat nach Petersen *fünf* Vorteile:

„1. Im Gruppenunterricht wird im weitesten Maße dem einzelnen Gerechtigkeit widerfahren, ohne daß dieses Unterrichtsleben individualisierend wirkte, gar drohte, in einem pädagogischen Soziologismus auszuarten. Denn der einzelne Schüler wird gewiß stark angesprochen, allein niemals isoliert, sondern stets in seiner vollen Gliedschaft innerhalb der Stammgruppe, der Tisch- und Arbeitsgruppe. Er ist in jedem Falle in dieser seiner Bindung an die gemeinsame Aufgabe vom Lehrer gefordert; und was sein individuelles Sein und Können ausmacht, das hat in seiner Eigenart nur Wert als für die Gruppe, als Vermögen, einem Gemeinsamen zu dienen, zum besten Gelingen eines gemeinsamen Werkes beizutragen.

2. Im gruppenunterrichtlichen Verfahren wird dem ‚schweigenden Denken' größter Spielraum gewährt; es kann aus ‚der Ruhe heraus' geschaffen werden; alles kann sich viel besser klären und absetzen.

3. Die Schüler gewinnen ein viel, viel innigeres Verhältnis zum Stoff; denn alles Stoffliche tritt in einer ganz anderen Verbundenheit mit Leben und Arbeit der Schüler an diese heran und dringt so fester und tiefer in sie hinein.

4. Das wertvolle, viel zu wenig beachtete ‚nebenhergehende Lernen' (concomitant learning nach Kilpatrick) sowie das, was ich das ‚Zwischenlernen' nenne, spielen eine große Rolle. Unter Zwischenlernen soll verstanden werden alles, was während der Arbeit an einem Teilgebiet mitgelesen, mitbesprochen, diskutiert wird, Anregungen für weiteres Nachdenken und nebenhergehende Arbeiten liefert. Es ist schwer, das Zwischenlernen festzuhalten, aber aus guten Proben wissen wir um seine große Bedeutung.

5. Vor allen Dingen entdeckten wir ein ganz anderes Freiwerden der menschlichen Beziehungen, des ‚Zwischenmenschlichen': menschliche Beziehungen zum Kameraden, zur Gruppe, zum Lehrer. Alles ist ein Tätigsein inmitten einer lebenserfüllten echten Menschengemeinschaft, und so besteht während des Gruppenunterrichts tatsächlich etwas wie eine Erziehungswirklichkeit, also geradezu eine ganz neue Weise ‚erziehenden Unterrichts', der sich aber nicht am Stoffe oder über ihn vermittelt, in erster Linie entwickelt, sondern über die menschlichen Beziehungen, die der Erziehung unmittelbaren Anlaß geben, so daß weit mehr die unbewußte als die bewußte Erziehung wirksam ist." (17; 91)

Um einen vielfach begegneten Mißverständnis vorzubeugen, weisen wir nochmals darauf hin, daß für das „gruppenunterrichtliche Verfahren" — trotz der aufgezählten Vorteile — im Jena-Plan täglich nur 100 Minuten vorgesehen sind. Daß die Gruppenarbeit nur einen Teil der Schularbeit ausmacht, zeigen auch die oben angegebenen Prozentsätze über die Verteilung der „pädagogischen Situationen" im „Wochenarbeitsplan". Wir betonen dies deshalb, weil vielfach der Jena-Plan mit dem „gruppenunterrichtlichen Verfahren" gleichgesetzt wird. Das ist aber nicht der Fall. Das „gruppenunterrichtliche Verfahren" gehört zum Kern des Jena-Plans. Petersen hat jedoch mit Nachdruck darauf hingewiesen, daß es der Ergänzung durch andere „pädagogische Situationen" bedarf.

4. Kurse sichern ein „Mindestwissen"

Neben dem *gruppenunterrichtlichen Verfahren* finden *Kurse* verschiedenster Art statt. Wir haben sie bereits oben in der ersten Übersicht über den Wochenarbeitsplan erwähnt. Während die Gruppenarbeit den individuellen Arbeitsrhythmus der Schüler berücksichtigt, verlangen die Kurse mehr oder minder straffere Arbeitsformen. Sie stehen damit der Arbeitsweise der „alten" Schule am nächsten und sorgen für das lebensnotwendige Wissen. In den Kursen eignen sich die Schüler sozusagen die „Mindestlernstoffe" an, die ein Mensch zur Bewältigung seiner Lebensaufgaben braucht. Die Gruppierung der Kinder ist hier eine andere als in den Stammgruppen. Die Stammgruppe vereinigt Kinder einer Reifungsstufe (altersmäßig zusammengehörige Jahrgänge). Auch die schwachbegabten Schüler bleiben immer Mitglieder ihrer Stammgruppe. Die Begabungsunterschiede werden (z. B. im Gegensatz zum „Mannheimer System" von Schulrat A. *Sickinger*, in dem die Schüler aufgrund ihrer Intelligenzleistungen eingeteilt wurden; vgl. 65) bejaht und pädagogisch „ausgewertet". In den *Niveaukursen* finden sich Schüler gleicher oder ähnlicher Begabung und Leistung zusammen. Hat ein Schüler z. B. den Rechenkurs für das 5. Schuljahr ohne Schwierigkeiten durchlaufen, dann kann er in den nächsthöheren Kurs aufrücken. Andererseits verbleibt ein Schüler solange in dem betreffenden Kurs, bis er den Stoff beherrscht.

Außer *Niveaukursen*, *Einführungs-* (für Kinder des 1. Schuljahres zur Einführung in die Anfangsgründe des Lesens, Schreibens, Rechnens und der Arbeitsmittel) und *Einschulungskursen* (Einschulung in die Technik der Bearbeitung erdkundlicher Hilfsmittel u. a.), die — wie gesagt — Schüler gleichen Niveaus, ähnlicher Begabung, Leistung oder „Kenntnisstufe" zusammenführen, bestehen *Wahlkurse*, die das spezielle Interesse der Schüler ansprechen und fördern. Außerdem kann der Lehrer Kurse, die einem bestimmten Lehrgang folgen müssen — z. B. einen Abschnitt der Geschichte oder ein Kapitel der Physik —, mit der Stammgruppe abhalten oder auch *Übungskurse* zur Übung bestimmter Fertigkeiten einrichten. Hierfür ist die Zeit nach der großen Pause vorgesehen.

Die straffer und lehrgangsmäßig geführten Kurse bilden einen guten Ausgleich gegenüber der völlig anders gearteten Arbeitsweise im gruppenunterrichtlichen Verfahren. Das Vorhandensein solcher Kurse im Wochenarbeitsplan des Jena-Plans zeigt besonders deutlich, daß Petersen nicht einfach überkommene Lehrformen aufgehoben hat. Er ordnet sie vielmehr sinnvoll in die neue Form ein. Im Leben braucht man Können und Wissen. Das ist lebensnotwendig. Aber dieses *Mindestwissen* ist nach Petersen an Umfang geringer, als wir im allgemeinen annehmen. Außerdem veraltet es heute sehr schnell. Daher ist die Aneignung methodischen Könnens, d. h. ein Kennenlernen der Verfahrensweisen, *wie* man lernt, weit wichtiger. Neben der Bearbeitung des Mindestwissens bleibt genügend Zeit für die Aneignung des *persönlichen Wissens*. Beide Seiten werden in der Jena-Plan-Schule gepflegt. Der Wochenarbeitsplan gibt dem Lehrer immer die Möglichkeit, aus eigener Verantwortung oder in gemeinsamer Entscheidung mit den Schülern die eine oder andere Seite zu betonen. Das setzt allerdings voraus, daß die Schule eine bestimmte Schülerzahl nicht überschreitet, da andernfalls das hierfür erforderliche pädagogische Denken durch das „institutionelle" gelähmt wird.

5. Die Feier dient der Gemeinschaftsbildung

Neben Gespräch, Spiel (Lernspiel) und Arbeit ist die *Feier* für eine Jena-Plan-Schule charakteristisch. Die Schule des 19. Jahrhunderts kannte die Feier vorwiegend nur als öffentliche Veranstaltung, z. B. als Schüleraufführung für die Eltern der Schüler oder als öffentliche Weihnachtsfeier. Die Schule jener Epoche hielt nicht viel von Feier und Feiergestaltung, da sie die Aufmerksamkeit der Schüler vom Lernen ablenkten. Die Schule des 20. Jahrhunderts anerkennt wieder die hohen menschenbildenden Werte, die in einer Feier und ihrer Vorbereitung liegen. Petersen pflegt in seiner Jena-Plan-Schule die Feier ganz besonders. Er unterscheidet vier Arten von Feiern:

a) *die vom Lehrer gebotene Feier*, z. B. eine Morgenfeier, in der die Lehrer der Schule abwechselnd zu den Schülern sprechen, Sagen erzählen, eigene Reiseerlebnisse schildern, Gedichte vortragen, Musik darbieten;

b) *die vom Lehrer geleitete Feier*, hierunter fallen alle größeren Feiern, die von den Schülern gestaltet, vom Lehrer aber geleitet werden;

c) *die vom Lehrer durchformte Feier*, es handelt sich um Feiern der Schüler für Schüler, z. B. um eine Feier der Schüler der Obergruppe für Schulanfänger, die gerade eingeschult werden. Obwohl die Kinder Erfahrungen aus früheren Jahren besitzen, wird der Lehrer beim Sichten der Vorschläge und beim Einüben mithelfen müssen. „Aber es muß alles so getan werden, daß die Initiative der Schüler erhalten bleibt, die Feier als ihr Werk erscheint."

d) *die von den Schülern gestaltete Feier*. Hierher gehören Geburtstagsfeiern, Feiern für abgehende Schüler oder sich verabschiedende Lehrer. Diese kleineren und überschaubaren Feiern gestalten die Kinder selbständig für ihre Gruppenkameraden und die Lehrer (18; 105 f.)

Wie keine andere pädagogische Situation dient die Feier der Bereicherung des Innenlebens. Sie lenkt die Menschen vom Getriebe des Alltags ab, gibt ihnen Gelegenheit zur Versenkung und dient damit der Selbstfindung. Die Feiergestaltung gehört mit zu den Formen menschlichen Verhaltens, in denen Menschen miteinander sinnvoll tätig werden. In der Schule geübt und gefördert, beeinflußt und bereichert sie auch das Elternhaus und das künftige Familienleben. Dies gehört mit zu den wichtigsten Erlebnissen Petersens: erfahren zu haben, wie seine Schule auf die Familie wirkte.

6. Lösung des Versetzungs- und Zensurenproblems

Die Organisationsform des Jena-Plans sowie das Schul- und Unterrichtsleben machten eine *neue Lösung des Versetzungs- und Zensurenproblems* erforderlich. Die „*Versetzung*" von einer Stammgruppe zur nächsthöheren — das kommt im allgemeinen nur alle drei Jahre vor — wird aufgrund der allgemein menschlichen Reife des Kindes vorgenommen. Bei diesem Übergang wird also nach der Frage entschieden, ob dieses betreffende Kind mit den Kindern der höheren Stammgruppe zusammen arbeiten kann. Stoffliche Lücken bilden keinen Grund für das Sitzenbleiben. Sie können in Kursen verschiedenster

Art nachgeholt werden. Wenn aber ein Kind in seiner körperlichen und geistigen Entwicklung dem Durchschnitt seiner Altersstufe gegenüber weit zurückgeblieben ist, muß man es in *das* Schulmilieu versetzen, das seiner Entwicklung entspricht. Wir schaden z. B. einem typischen „Spielkind", wenn wir es von der Unter- zur Mittelgruppe aufrücken lassen. Die Entscheidung über die Versetzung ist im Jena-Plan nicht an einen bestimmten Termin gebunden, sondern kann jederzeit im Laufe des Jahres vorgenommen werden, wenn auch der Übertritt von einer Stammgruppe zur anderen in der Regel am gesetzlich festgelegten Schuljahresschluß stattfindet.

An Stelle der *Zensuren* tritt in der Jena-Plan-Schule weitgehend die *Selbst- und Kameradenbeurteilung*. In der Zensurierung erblickt Petersen eine große Gefahr, da sie beim Schüler die Einstellung des Lernens auf den Lehrer bewirkt und den Arbeitswillen sowie das Interesse an der eigenen Arbeit verdirbt.

> „Die Gefahr der Zensur durch den Lehrer kann als nicht groß genug bezeichnet werden. Sofort befördert sie die Einstellung des Lernens auf den Lehrer . . ., verdirbt die eigene Arbeitslinie des Kindes und verstört das eigene sittliche Urteil, die Sicherheit der eigenen Stimme im Kinde". (10; 98)

Petersen will dem Schüler nur dann eine Zensur geben, wenn er nach eigener Bewertung verlangt. Das ist notwendig, wenn das Kind in der Umwelt keinen Bewertungsmaßstab finden kann. In den meisten Fällen genügt jedoch ein Vergleich mit den Sitznachbarn, eine Ausstellung der Arbeiten, eine gemeinsame Kontrolle u. a., um Anhaltspunkte für die Selbsteinschätzung zu gewinnen. Ohne viele Worte wird auch jeder Lehrer seine Schüler auf gute, befriedigende und ungenügende Leistungen hinweisen. Die Bewertungsmaßstäbe gut, befriedigend, unbefriedigend kann jedes Kind ohne Schwierigkeiten begreifen. Sie reichen zur Beurteilung in der Schule vollkommen aus und könnten an die Stelle des zur Zeit gültigen Sechsersystems treten. Halbjährliche Gruppenausstellungen bieten außerdem Vergleichsmöglichkeiten für die Schüler.

Am Schluß eines Halbjahres wird über jedes Kind ein *Bericht* angefertigt. Alle Lehrer, die mit einem Schüler zu tun haben, tragen ihre Beobachtungen und Urteile über ihn in eine Liste ein und stellen die Eintragungen zu einem „objektiven Bericht" zusammen, den sie den Eltern zur kritischen Stellungnahme übergeben. Aufgrund dieses „objektiven Berichts" wird ein „subjektiver" für die Hand des Kindes fertiggestellt. Darin ist alles enthalten, was der Lehrer unter Wahrung pädagogischer Rücksichten dem Kinde zu sagen hat. Der Lehrer leistet mit dieser Aufgabe seelsorgerischen Dienst am Kinde. Diese Grundeinstellung erwartete Petersen von den Lehrern seiner Schule.

7. Ausgestaltung des Schulraums

Unterrichtsführung und Arbeitsweisen des Jena-Plans erfordern eine entsprechende *Raumgestaltung*. Die sogenannten Rettich-Bänke sind Symbole der „alten" Schule. Sie zwingen die Kinder, ihre Aufmerksamkeit nach vorn zum Lehrer, der nach Möglichkeit auf einem erhöhten Katheder sitzt, oder zur Wandtafel zu richten. Schulbänke sind geradezu für einen direkten Unterricht geeicht. Petersen möchte dagegen den Schülern gleicherweise zur *Sammlung* und zur *Befreiung* ihrer Kräfte verhelfen und ihnen die Möglichkeit für soziale und sittliche Erziehung geben. Diese Zielstellung erfordert eine andere *Ausgestaltung des Schulraums*. Der Gruppenraum soll den Charakter der „*Schulwohnstube*" annehmen, d. h., die Schulstube soll „so viel wie möglich vom Charakter eines schlichten Wohnraums" (18; 57) haben, zugleich aber auch Arbeitsraum sein. Also: Fort mit den alten Schulmöbeln! In dieser Beziehung hat sich in den letzten beiden Jahrzehnten auch in den Staatsschulen manches gewandelt. Allerdings entsprechen die neuen Schultische, wie wir sie in den meisten Schulen vorfinden, keineswegs den Erfordernissen des Jena-Plans. Sie sind für das Umräumen zu schwer und lassen den Knien wenig Spielraum, da sie meistens Unterbretter zum Aufnehmen der Schulmappen haben.

Den Charakter der Schulwohnstube erhält der Raum nicht allein durch neue Möbel. Es gibt Klassen mit neuem Gestühl, die den alten Geist atmen; und wir können Klassen betreten, die mit alten Bänken ausgestattet sind und dennoch den geforderten Wohnstubencharakter besitzen. Die Form der Möbel kann also nicht letztlich das entscheidende Merkmal für die Ausgestaltung eines Klassenraums zu einer Schulwohnstube sein, obwohl selbstverständlich die Ausstattung mit Tischen und Stühlen die Annäherung an das erstrebte Ziel erleichtert, nämlich den Unterricht unter der „Idee der Erziehung" durchzuführen. Erst dann kann man die Möglichkeiten voll ausschöpfen, neue Unterrichtsformen einzuführen, zum „Kreis" umzustellen, Raum für ein Spiel zu gewinnen u. v. a. m.

Wichtiger als die äußere Ausstattung des Raums mit neuen Möbeln ist die Forderung, den Schülern den Raum als den ihren zu übergeben. Sie sollen den Raum *mit*gestalten, Blumen mitbringen, Wand-schmuck herstellen, Aquarien aufstellen u. a. m. Es gehört zur längst anerkannten Tatsache der Lernpsychologie, daß Kinder in einem Raum besser arbeiten und lernen, der sie emotional anspricht. Wo Kinder Behaglichkeit und Wärme fühlen, die die Umgebung ausstrah-len, werden sie sich auch seelisch wohler fühlen. Auch die Ordnung im Raum gehört mit zu den Aufgaben der Gemeinschaft.

Alle diese Maßnahmen *binden* die Kinder an *ihren* Raum. Bindung schließt aber Freiheit im Sinne von Willkür aus. Jedes Kind fühlt sich aufgrund der Mitarbeit bei der Ausgestaltung des Raumes zu ordentlichem Verhalten im Raum und den Mitschülern gegenüber verpflichtet. Wird das „Gesetz der Gruppe" übertreten, das besagt:

> „Im Raum darf nur geschehen, was alle gemeinsam wollen und was das Zusammenleben und die Schularbeit in Ordnung, Sitte und Schönheit al-len in diesem Raume gewährleistet" (10; 50) —,

dann ist es Aufgabe des Lehrers, älterer Schüler oder der Gruppen-gemeinschaft, das rechte Verhalten einfach tun zu lassen, bis es vom Schüler bejaht wird — und nicht darüber zu reden. In diesem Sinne ist die Schulwohnstube ein Ort, an dem gute Umgangsformen von der Einschulung an gepflegt werden, *ein Raum also für soziale und sitt-liche Erziehung durch gemeinsames Tun und Üben.*

Petersen mißt dem Schulraum eine große Bedeutung bei. Wie der Raum im großen, d. h. wie die Landschaft, besitzt er seiner Meinung nach „eine starke seelenformende Kraft". (18; 61)

8. Aufgaben der Schulgemeinde

Die Jena-Plan-Schule will bewußt *Schulgemeinde* sein. Lehrer- und Elternschaft setzen unter Mitbeteiligung der Schülerschaft die erzieh-lichen und unterrichtlichen Aufgaben fest, sofern sie nicht staatlichen Verwaltungsvorschriften unterliegen. Das Schulwesen soll nach Pe-tersen mehr genossenschaftlich als obrigkeitsstaatlich verwaltet wer-den. Das Richtmaß bildet wiederum die Idee der Gemeinschaft. Leh-rer und Eltern sind dazu aufgerufen, den Erziehungsbereich der Schu-le mit in Ordnung zu halten. Der Staat hat zwar weiterhin die Auf-sicht; er hat über die Einhaltung der „von unten", d. h. von der Leh-rer-, Eltern- und Schülerschaft, entwickelten organisatorischen und in-haltlichen Maßnahmen zu wachen. Aber die staatliche „Macht" soll begrenzt und auf ein Minimum eingeschränkt werden.

Schon 1924 hat Petersen die Frage gestellt: „Wie erhalten wir innerhalb des staatlich geschützten und geförderten Schulwesens die freie
Schule?" (5; 68) Seiner Auffassung nach sind die Hebel in der Selbst-
verwaltung und Selbsthilfe der Lehrer und Eltern anzusetzen. Sehr
eindeutig sagt er:

> „Die zur Gilde der Erzieher zusammengeschlossene und zum Kampf um
> die Erhaltung und Bereicherung ihrer inneren Freiheit für eine reine und
> ungetrübte Durchführung ihres Berufs entschlossene Erzieherschaft wird
> Hand in Hand mit den Familien ... die Volkserziehung durch die freie
> Volksschule wahrmachen." (3; 276)

„Freie Schule" heißt also für Petersen nicht, die Schule der Aufsicht
des Staates entziehen wollen. Der Staat soll die oberste Aufsicht be-
halten. Er muß aber die Beteiligten, und das sind vornehmlich Eltern,
Schüler und Lehrer, mitbestimmen, mitentscheiden und mitverant-
worten lassen. Die Schule wird stets die Forderungen der Gesellschaft achten müssen. Aber sie darf sich in ihrem kleinen Kreis die
erziehlichen und unterrichtlichen Aufgaben und Maßnahmen von
keiner Macht, die in die Schule von außen einzudringen versucht, aus
der Hand nehmen lassen. Schule darf niemals reine Funktion der Gesellschaft oder des Staates sein oder werden.
Eine genossenschaftliche Schulverfassung birgt selbstverständlich
auch die Gefahr in sich, durch außerpädagogische Forderungen und
mißverstandenes Elternrecht den pädagogischen Raum zu verfälschen
oder gar zu vergiften. Diese Möglichkeiten dürfen nicht übersehen
werden. Dennoch wird sich ein Schulwesen, das auf der Schulgemeinde und deren Mitverantwortung beruht, differenzierter entwickeln
und reichhaltigere Formen annehmen. Den Beweis hierfür liefern andere Staaten. Auf alle Fälle muß eine dem Staat verpflichtete Lehrerschaft mit den Eltern ihrer Schüler zusammenarbeiten. „Praktisch
bedeutet das ein kaum je aussetzendes Ringen der Erzieher mit der
Elternschaft um die Reinerhaltung der Erziehungsidee." Die Schulgemeinde nimmt also immer „ihren Anfang innerhalb des vom Staat
gesteckten Rahmens", begnügt sich aber nicht mit der Lösung gesellschaftlicher Aufgaben, sondern bemüht sich, ein echtes Schulgemein-
deleben zu führen, d. h. eine Stätte aufzubauen, in der die Eltern,
Schüler und Lehrer gemeinsam die pädagogischen Aufgaben lösen.
(10; 15)
Der Lehrer ist nach der Schulgemeindeidee in erster Linie *Beauftragter
der Eltern,* ohne die gesellschaftlichen Belange zu übersehen oder gar

zu mißachten. Er hat immer die beste Erziehung der ihm anvertrauten Kinder im Auge und wird daher um der Idee einer kindgemäßen Erziehung und Menschenbildung willen die Schule parteipolitischen und weltanschaulichen Streitigkeiten fernzuhalten versuchen. Damit wird die Schule im wahren Sinne des Wortes *Familienschule*. Die Familien sind ja letzten Endes die Vollinteressenten an der Erziehung der Kinder — nicht der Staat. Wenn der Lehrer in diesem Sinne Eltern und Kindern dient, dann folgt er der Idee der Erziehung und leistet über seine erzieherische Aufgabe am Kind und an der Gemeinschaft seinem Volk den höchsten Dienst. Petersen faßt im „Kleinen Jena-Plan" seine Gedanken zur Schulgemeinde so zusammen:

> „Die echte Schulgemeinde will also in dem vom Staate abgesteckten Rahmen für planvolle Einwirkung beruflich ausgebildeter Erzieher auf die noch nicht reife Generation ein Zusammenleben und eine Arbeitswelt darstellen, in denen sich die Erziehungsfunktion so rein wie nur irgend möglich auswirkt und alle Verhältnisse bestimmt, vor allen Dingen auch den Unterricht. Am reinsten wird das dort möglich sein, wo Eltern und Erzieher auch weltanschaulich eins sind." (10; 15, 16)

Zusammenfassung: Grundelemente der Jena-Plan-Schule

Die Jena-Plan-Schule zeichnet sich durch das „*Schulleben*" aus. Jeder, der in der Schule mitarbeitet, wird zur Tathandlung herausgefordert. Die dadurch entstehenden sozialen Beziehungen setzen erzieherische Kräfte frei. Der *Unterricht* gliedert sich in „*Freiarbeit*" und „*Straffarbeit*". Die *Gruppenarbeit* bzw. die „freie Arbeit" eröffnet jedem Schüler die Möglichkeit, mehr oder weniger den eigenen Lernbedürfnissen und Interessen nachzugehen, soweit sie seiner Person und der Gemeinschaft förderlich sind. Der Schüler wird hier nicht gegängelt, sondern kann nach seinem individuellen Rhythmus arbeiten. In den *Kursen*, die dem Erwerb des „Mindestwissens" dienen, eignet sich jeder Schüler die lebensnotwendigen Sachgebiete an, ohne die heute kein Mensch das Leben meistern kann. Die Möglichkeit, „pädagogische Situationen" zu planen und durchzuführen, die die unterschiedlichen seelischen und geistigen Seiten des jungen Menschen ansprechen, berechtigt zu der Aussage, daß Schulen dieser Art für die Kinder *gesünder* sind. Sie geben den Schülern mehr seelische Ruhe und hemmen vor allem den für die Entwicklung so notwendigen Bewegungsdrang nicht. Da ein fortwährendes Schreiben von Prüfungsarbeiten mit Noten und Versetzungen vermieden wird, treten Folgeerscheinungen wie das Angstgefühl nicht auf, das die Leistungsmöglichkeit eines Schüler immer negativ beeinflußt. Das Wichtigste in der Schule aber ist — wie oben gesagt — die *Pflege der menschlichen Beziehungen*. Das Leitbild ist die Idee der Gemeinschaft und der Bruderschaft. Durch die Möglichkeit, ja, Notwendigkeit, in mitmenschliche Beziehungen zueinander zu treten, kann sich Erziehung im wahren Sinne des Wortes überhaupt erst auswirken. Wo eine *Schulgemeinde* mit den Ideen der Gemeinschaft und Erziehung ernst macht, dort nimmt sie den Charakter der „*Menschenschule*" an, wie sie Pestalozzi gefordert hat.

Fassen wir — diesen Teil abschließend — die Aufgaben der freien Volksschule mit den Worten Petersens zusammen:

„Die Volksschule hat sich als Raum für Schularbeit, wie als Lebensgemeinschaft, für die Erziehung, d. h. für die Befreiung und Vergeistigung des noch nicht reifen Menschenkindes im Alter von 7—14 bzw. 16 Jahren, so darzustellen, daß sich in ihr die besondere individuelle Leistungsfähigkeit des aufwachsenden Menschen frei und allseitig betätigen, gegenwartskundig und weltoffen erkraften kann, das persönliche Leben muß sich rein, in eigenem Stil und in ganzer Tiefe aufschließen und erste Form gewinnen — denn die Reifung wird nie in Schulen erfolgen, sondern mitten im tätigen Leben. Der Zögling muß in steter Gemeinschaftsverbundenheit seine individuelle Kraft und seine Person leben, als Dienst an seiner Volksgemeinschaft und, durch diese vermittelt, an der Menschheit gewertet erleben; mit zunehmender Reife wird er dann diesen Dienst auch verstandesmäßig erfassen, ihn freudig und glaubensvoll bejahen und sich selbst bestimmen, die erworbene persönliche Bildung als die stete Grundkraft seines späteren Berufslebens und Volksbürgertums zu pflegen und zu mehren. Das ist diejenige grundlegende Bildung, welche Aufgabe der Volksschule in unserer Epoche ist. Sie muß das Ziel bleiben, nach dem sich alle Teilziele für die Alltagsarbeit ständig richten." (9; 23)

5. Pädagogische Forschung

Die Erziehungswissenschaft bedarf der pädagogischen Tatsachenforschung

Erziehungswissenschaft als Theorie der erzieherischen Prozesse ist als Wissenschaft nur möglich, wenn es ihr gelingt, die vorgegebene erzieherische Wirklichkeit auf ihre Tatsachen und Strukturen hin methodisch sauber zu erfassen, zu erforschen und von dieser Grundlage aus Modellvorstellungen für die Praxis zu entwickeln. Erst dadurch erhält die Erziehungswissenschaft ihren Wissenschaftscharakter. Ohne die Bereiche von Forschung und Planung könnte sie keinen Wissenschaftsanspruch erheben. Es wäre unkorrekt, von Erziehungs*wissenschaft* zu sprechen. Die „systematische Pädagogik" der Herbartianer war im Grunde genommen keine eigenständige Wissenschaft, da sie ihren Gegenstandsbereich nicht auf „eigene Füße" stellte, wie Herbart zwar gefordert, aber nicht verwirklicht hatte. Die Pädagogik entlehnte ihre Grundbegriffe der Philosophie und der Psychologie und war damit in erster Linie philosophische Ziellehre bzw. psychologische Regellehre. Sie hat nicht die Aufgabe in Angriff genommen, ihre Behauptungen und Forderungen durch empirische Untersuchungen zu prüfen, zu beweisen oder in Frage zu stellen und zu kontrollieren. Die Folge davon war, daß sie sich als Teilgebiet der verschiedenen Strömungen der Philosophie oder Psychologie betrachtete. Sie besaß kein Mittel der Kontrolle. Damit hängt es zusammen, daß jedes philosophische und psychologische System eine eigene Pädagogik entwickelt hat.

Es ist das eigentliche Verdienst Petersens, hier einen neuen Ansatzpunkt aufgezeigt und die Wendung von der philosophischen oder psychologischen Pädagogik zur eigenständigen Erziehungswissenschaft vollzogen zu haben. Wenige Tage vor seinem Tode, am 21. 3. 1952, sagte Petersen während eines Kolloquiums der Pädagogischen Fakultät:

„Wenn ich jetzt über die Pädagogische Tatsachenforschung spreche, so gebe ich damit zugleich einen Bericht über meine Lebensarbeit."

Petersen hatte ganz klar erkannt, daß Erziehungs*wissenschaft* erst durch empirische Forschung *möglich* wird. Zwar beginnt die Theorie mit Sinn- und Bedeutungsfragen, und die Praxis versucht, den Sinn der Erziehung zu verwirklichen. Aber zwischen Theorie und Praxis muß ein drittes verbindendes Glied vorhanden sein — sofern man den Wissenschaftscharakter der Wissenschaft von der Erziehung ernst nimmt —, das die Vorgänge im Erziehungs- und Bildungsgeschehen tatsachenmäßig auf ihre Ursachen, Wirkungen und Regelhaftigkeiten hin zu erfassen versucht. Das ist die Aufgabe der *pädagogischen Tatsachenforschung.*

Diese Methode wurde bereits vom Jahre 1912 ab von *Aloys Fischer* im Zusammenhang mit der damals verbreiteten experimentellen Pädagogik verwendet. (57) Sie stützt sich auf Beobachtung und Beschreibung, d. h., sie sichtet, sammelt, ordnet und *deutet* alle im Wirklichkeitsbereich des pädagogischen Geschehens auffindbaren Tatsachen aus den *jeweiligen Bedingungen* heraus. Petersen hat sich dieser empirischen Forschung von Anfang an gewidmet und sie weiter ausgebaut.

Zum Begriff der „pädagogischen Tatsache"

Hierzu schreibt Petersen:

> „Pädagogische Tatsachen finden sich in dem Verhalten, der Tätigkeit, den Handlungen und Leistungen der Jugendlichen, der Lehrer und Erzieher. Sie stehen neben solchen Tatsachen am selben Gegenstand, der etwa den Mediziner, den Nationalökonomen, den Juristen usw. interessiert und angeht, d. h., ebenfalls in ein anderes Forschungsgebiet hineinreicht." (23; 106)

Else Müller-Petersen gibt auf die Frage „Was sind pädagogische Tatsachen?" folgende Antwort:

> „Alles, was in- und außerhalb der Schule geschieht und pädagogische Beziehung hat... Die Tatsache ist nicht gleich einer Sache, sondern gleich einer Sache der Tat, einer Sache des Geschehens; also Tatsache = Begriff und Aussage." (23; 266)

Von pädagogischer Tatsache können wir also erst dann sprechen, wenn sich aus einer Sache, z. B. einem Lernbuch oder einem Arbeitsmittel oder einer Arbeitsform wie die Gruppenarbeit, eine „pädagogische Beziehung" entwickelt, oder anders gesagt: wenn diese oder jene Sache zur Sache eines pädagogischen Geschehens oder einer pädagogischen Handlung wird. Tatsache ist also „Begriff und Aussage", und letztere unterliegt der Deutung. Ein Lernbuch hat innerhalb des „programmierten Unterrichts" eine andere „pädagogische Beziehung" als in der Gruppenarbeit des Jena-Plans. Petersens Definition der „pädagogischen Situation" (s. S. 42) beruht auf den „pädagogischen Tatsachen" seiner Jena-Plan-Schule und kann nur aus diesem Zusammenhang heraus verstanden werden. Das erklärt, warum gleiche oder ähnliche „Tatsachen" in einer Staatsschule, einer Waldorf-Schule, einer Montessori- oder Jenaplanschule eine unterschiedliche pädagogische Bedeutung erhalten und demzufolge zu verschiedenen Deutungen führen können. Die Definition der „pädagogischen Situation" weist auch auf den wechselseitigen Zusammenhang der drei Glieder der Erziehungswissenschaft hin, nämlich der Sinngebung, der

Praxis und der Forschung, wobei man nur im Einzelfall entscheiden kann, welches Glied am Anfang der Kette steht.

Die Definition der „pädagogischen Situation" ist also nicht durch Deduktion spekulativ gesetzt worden, sondern aus der Beobachtung des Schul- und Gruppenlebens des Jenaplans entstanden, das allerdings — worauf wir schon mehrfach hingewiesen haben — aus einer bestimmten Sinngebung erwachsen ist, nämlich der Erziehung als Sinnverwirklichung geistig-menschlichen Lebens. Ein „problemhaltiger Lebenskreis", der vom Erzieher und Lehrer „pädagogisch" so geordnet wird, daß jedes Kind „genötigt wird", aus sich herauszutreten, als „Person zu handeln (und) tätig zu sein", ist in der Jenaer Schule beobachtet worden. *Diese* Beobachtungen konnten wiederum nur innerhalb eines bestimmten Sinnzusammenhangs und aufgrund einer pädagogischen Grundauffassung gemacht werden. Die Folgerungen, die sich aus der Übernahme der Definition der pädagogischen Situation für andere Lehrer ergeben, können durch Schrifttum und Lehrveranstaltungen vermittelt werden und der Praxisgestaltung neue Wege weisen. Durch die pädagogische Tatsachenforschung, die stets eine individuelle, zu beschreibende pädagogische Wirklichkeit analysiert, gelangt man also zur Theoriebildung, die dann wieder auf die Praxisgestaltung zurückwirkt, ihr die Wege weist oder empfiehlt. Aus diesen Ausführungen geht hervor, daß ein Wechselspiel zwischen philosophischer Sinngebung und Sinnverwirklichung auf der einen und Tatsachenforschung auf der anderen Seite besteht. Aus dem Dialog zwischen Theorie, Forschung und Praxis ist letztlich auch die Schulwirklichkeit der Jenaer Universitätsschule entstanden.

Aufgaben und Probleme der pädagogischen Tatsachenforschung

In dieser Weise hat das Erziehungs- und Unterrichtsleben, wie es im Jenaplan entwickelt worden ist, der Forschung von Anfang an *Probleme* gestellt. Die neue Schulwirklichkeit hat zunächst erst einmal entworfen und praktiziert werden müssen; im Anschluß daran mußte sie beschrieben und allseitig und gründlich „durchleuchtet" werden. Von der Erfahrung aus ist man zur Definition, zur Regel und zu begründeten Verfahrensweisen gelangt. Die *systematische Pädagogik* des 19. Jahrhunderts ging demgegenüber von der Regel aus und versuchte, sie zu verwirklichen — auch gegen das Kind. Petersen dagegen konzipierte aufgrund einer philosophischen Deutung von Mensch und Welt eine neue Schulwirklichkeit, unterwarf sie der wissenschaftlichen Beobachtung und Kontrolle und kam dadurch zu neuen Einsichten, die auf den Schulversuch zurückwirkten.

Daß Petersen die neue Aufgabe erkennen und in Angriff nehmen konnte, hängt mit dem Wandel zusammen, der sich bezüglich der Einstellung zum Kind und Lerninhalt seit 1900 allmählich vollzogen hatte. Die „Reformpädagogik", in der Petersen an führender Stelle mitwirkte, hat ihm den Weg hierzu mit gewiesen. Erst mußte ein aufgelockertes Unterrichtsverfahren, ein natürlicher Umgang mit Kindern, die Freigabe zwischenmenschlicher Beziehungen — mit anderen Worten: die *Autonomie des Pädagogischen* — vorhanden sein, ehe man eine Untersuchung der Schulwirklichkeit vornehmen konnte. Die Probleme sind hier zahlreicher und andere als im Klassenblock, der autoritär geführt wird, oder als in der Musterlektion, die nach einem Schema aufgebaut ist. Die Tatsache, daß Petersen und sein Kreis die Forschungsvorhaben vorwiegend auf die Schule bezogen, gibt uns einen Hinweis auf den Inhalt der Forschung: sie ist primär *Schul- und Unterrichtsforschung,* obwohl sich Petersen bewußt war, daß darüber hinaus ein weiteres Feld der „erziehungswissenschaftlichen Tatsachenforschung" besteht. (24; 99 ff.)

Die pädagogische Tatsachenforschung bearbeitet also „Felder", die die alte Seminarpädagogik und die wesensmäßig mit ihr verbundene Übungsschule nicht gekannt haben. Im einzelnen handelt es sich u. a. um folgende Problemgebiete: Wie arbeiten Kinder? In welcher Weise unterscheidet sich der kindliche Arbeitsvorgang von dem des Erwachsenen, und zwar nicht nur allgemein, sondern bei bestimmten Gegenständen? Welche Gruppenbeziehungen und -formen entwickeln Kinder in verschiedenen Altersstufen, wenn sie sich während der Arbeit frei vergesellschaften dürfen? Welche Form- und Farbgebung der Schulräume, welche Art der Schulmöbel begünstigen kindliches Arbeiten? Weitere Fragen sind solche nach der Aufmerksamkeit und Ermüdung bei freier Arbeitsweise und damit zusammenhängend nach dem Tagesarbeitsrhythmus, nach den kindlichen Interessengebieten, den Arbeitsmitteln und Entwicklungshilfen, der Führung in bestimmten pädagogischen Situationen, der besten Umweltgestaltung für einen lernorientierten und „erziehenden" Unterricht u. v. a. m.

In Jena wurden u. a. folgende Untersuchungen durchgeführt: Führungsformen im Rechenunterricht bei gebundenem und freiem Unterrichtsstil (Stoffentwicklung durch den Lehrer — gemeinschaftlicher Stofferwerb), Führungsformen während des Unterrichtsgesprächs oder eines Stegreifspiels, Arbeitsweise einer Lehrerin in der Untergruppe der Universitätsschule, Gesprächs- und Führungsformen während einer Kreissituation, Unterrichtsführung im gruppenunterrichtlichen Verfahren (W. Schneider, Diss. 1931), Schulneulinge und Helfer in der Untergruppe der Jenaer Universitätsschule (H. Brückner, Diss. 1935). Über die Sozialstruktur pädagogischer Situationen des Jenaplans (Fr. Winnefeld, Habil. 1948), Arbeitsweise und Verhalten von Schulneulingen in der Gruppengemeinschaft (Magd. Wieschke-Maaß, Habil. 1951).

Aus den Untersuchungen über das kindliche Verhalten in pädagogischen Situationen, das Kind als Schüler, das schulische Leben u. a. — Petersen hielt regelmäßig eine Vorlesung über „Schülerkunde", in der er über den Ertrag solcher Untersuchungen mit berichtete — ist die „Führungslehre des Unterrichts" (1. Auflage 1936) entstanden. Sie tritt an die Stelle der bisherigen Didaktik. Diesem Buch kommt in unserem Jahrhundert die Bedeutung zu, die Herbarts „Allgemeine Pädagogik" (1806) im 19. Jahrhundert besessen hat. In Petersens „Führungslehre" bilden praktische Schularbeit und theoretische Besinnung eine Einheit. Die Verbindung von Theorie und Praxis ist das Bedeutsame an diesem Buche und an seinem Verfasser, der wie kaum ein anderer Universitätslehrer sein Wissenschaftsgebiet von der Praxis her und auf die Praxis hin betrieben hat.

Leider liegen die meisten Ergebnisse der „Jenaer pädagogischen Tatsachenforschung" — abgesehen von einigen Dissertationen und Habilitationsschriften — nicht im Druck vor. Erst nach Petersens Tod hat Th. Rutt den umfangreichen Band „Die Pädagogische Tatsachenforschung" (24) herausgegeben. Das Buch enthält drei wichtige Arbeiten zu diesem Thema von Else und P. Petersen und gibt einen detaillierten Einblick in die Entwicklung, die Aufgabenstellung und die Methoden der pädagogischen Tatsachenforschung. In den Jahren 1932 bis 1950 sind in Jena 951 erziehungswissenschaftliche Aufnahmen gemacht worden. Sie bestehen im „schriftlichen Festhalten von Beobachtungen im Schulleben unter gewissen Bedingungen und in bestimmter Form". (21; 7)

Daß Petersen aus dem weiten Bereich der pädagogischen Forschung hauptsächlich Untersuchungen über die Unterrichtssituationen hat durchführen lassen, hängt — wie wir schon sagten — mit der Idee und Wirklichkeit des Jenaplans sowie mit der Jenaer pädagogischen Tradition zusammen. Außerdem war in den zwanziger Jahren die empirische Forschung innerhalb der Pädagogik von der (pädagogischen) Psychologie mit in Angriff genommen worden, so daß sich Petersen zunächst einem ihm naheliegenden Teilgebiet zugewandt hat. Er war sich aber immer des weiten Umfangs der erziehungswissenschaftlichen Fragestellungen bewußt, die der Forschung aufgegeben sind. Wir haben schon mehrfach betont, daß jede empirische Forschung von der Sinngebung der Schulwirklichkeit bzw. der pädagogischen Wirklichkeit abhängt. Das hat zur Folge, daß die Erziehungswissenschaft niemals Aussagen machen kann, die an jedem Ort und zu jeder Zeit Gültigkeit besitzen, die also von Zeit, Raum und erkennendem Subjekt unabhängig sind. Erziehungswissenschaftliche Aussagen besitzen nur Wahrheitscharakter innerhalb des Sinnbereichs, für den sie bestimmt sind. Trotz dieser Einschränkung bleibt die Tatsache bestehen, daß eine selbständige Erziehungswissenschaft erst durch den Einsatz empirischer Methoden möglich wurde. Ihre Glieder — Theorie, Forschung, Praxis — Praxis, Forschung, Theorie — sind ursächlich miteinander verbunden. Sie bilden mit der Pädagogik als Teildisziplin der Erziehungswissenschaft ein Ganzes. *Erziehungswissenschaft stellt sich uns also dar als ein System wechselseitiger Beziehungen von Sinngebung, Praxis, Forschung und Systematik.*

Zur praktischen Bedeutung der pädagogischen Tatsachenforschung

Die *praktische Bedeutung* der pädagogischen Tatsachenforschung für die erziehungswissenschaftliche Erkenntnisbildung machen wir beispielhaft an dem Ergebnis der unveröffentlichten Jenaer Dissertation von *A. Hausmann* „Leistung und Erfolg des Rechenunterrichts in der Volksschule" (1942) sowie an Hand einer Aufnahme aus einem Rechenkurs deutlich. Das Ergebnis der ersten Untersuchung, das in der folgenden Tabelle zusammengefaßt ist, weist die Vorteile des Unterrichtsstils nach, wie er in der Jenaer Universitätsschule entwickelt und durchgeführt worden ist. Die Möglichkeit einer stärkeren Schüleraktivität wird durch die vorwiegend freiere Unterrichtsführung in der Jenaplanschule stark begünstigt, obwohl es sich bei der aufgenommenen Stunde um eine Kursstunde handelt, die an sich auf eine mehr straffe Arbeitsform hin tendiert.

Dauer der Rechenstunde	Schritte der Kinder			Summe	Schritte des Lehrers
	aus eigenem Antrieb	auf Anstoß von Kindern	auf Anstoß vom Lehrer		
I 38 Min.	63,23%	18,7%	5,1%	87,0%	12,9%
II 35 Min.	0,42%	0,0%	35,3%	35,7%	64,3%
III 35 Min.	4,84%	0,0%	33,8%	38,7%	61,3%

Deutlich können wir aus der Übersicht folgendes ablesen: In den Rechenstunden (II und III) der Jahresklassenschule trägt der Lehrer die „Last des Unterrichts"; er ist tätig. Unter I (= Stunde in einer Jenaplanschule) fallen Schüleraktivität und kameradschaftliches Helfen durch den hohen Prozentsatz der Schritte „aus eigenem Antrieb" auf.

Der Streit um das Für und Wider bestimmter Erziehungs-, Unterrichtsstile, -formen und -methoden könnte u. E. eindeutiger entschieden werden, wenn derartiges Beweis-Material herangezogen und wenn die Literatur zu Rate gezogen würde, die über diese Fragen erschienen ist. Wie weit dann allerdings der Lehrer mit seiner Unterrichtsführung den erziehungswissenschaftlichen Erkenntnissen gerecht werden und ihnen folgen kann, liegt auf einer anderen Ebene.

Die folgende kurze *Aufnahme aus einem Rechenkurs* (Kinder des 4. bis 7. Schuljahres) zeigt, wie sich die Kinder selbständig und gemeinsam die Lösung erarbeiten. Von den 28 Kindern sitzen 11 Kinder im Halbkreis vor der Tafel und teilen große Zahlen, während 17 Kinder im Raum sitzen und schriftlich rechnen. Wir beobachten die Kinder im Tafelhalbkreis:

„Gisela stellt eine Aufgabe, die an der Tafel gerechnet werden soll. Sie diktiert: 63 296 : 180 =

Hänschen geht zur Tafel, schreibt die Aufgabe an und beginnt zu rechnen;	$63296 : 180 = (2)\ 351$ R. 116
	$\underline{540}$
	929
‚Geht zweimal!' Er schreibt die 2 oben hin.	$\underline{900}$
	296
Gisela: ‚In der 632?'	$\underline{180}$
Hänschen überlegt: ‚Ach so!'	116
Fritz: ‚Nimm doch die 18 in der 63! Wieviel mal geht das?'	
Hänschen: ‚Ach so! 3mal geht das.'	
Er verbessert die 2 und schreibt dann an:	$632 \cdot 3$
	$\overline{1896}$

Gerda: ‚Was machst du denn? Du mußt doch 3 · 180 nehmen!' Heinz geht zur Tafel und hilft Hänschen: ‚In der 632 geht's 3mal.' Er wischt die falsche Rechnung weg und erklärt Hänschen den Fehler. Hänschen rechnet nun 3 · 180 richtig aus: ‚Ist 540.'

L. kommt, setzt sich in den Halbkreis mit hinein und sagt etwas leise zu einigen Kindern.

Hänschen zieht 540 von 632 ab: ‚Bleibt 92', holt die 9 herunter und probiert mit 6. Er schreibt dann an:

180 · 6

1080

K: ‚5mal, Hänschen!'

Heinz: ‚5mal 180 ist doch 900.'

Hänschen schreibt 5 oben hin, 900 darunter, zieht ab, schreibt den Rest 29 hin, holt die 6 herunter und überlegt usw." (24; 280 ff. und 27; 575)

An diesem Stundenablauf fällt wiederum die Selbständigkeit der Kinder auf, die durch den freieren Arbeitsstil der Jenaplanschule bewirkt wird. Die Schüler helfen sich weitmöglich selbst. Der Lehrer nimmt die Stelle des Beobachters und Beraters ein. Er ist nicht *Bildner* der kindlichen Seele, sondern versucht, vorsichtig anzuregen, zu fördern, mitzugestalten und das eigene Tun zu aktivieren.

Methoden der pädagogischen Tatsachenforschung

Im Rahmen der pädagogischen Tatsachenforschung unterscheidet man zwischen der *„Einzelaufnahme"* (= Aufnahme eines einzelnen Kindes), der *„Lehreraufnahme"* und der *„Gesamtaufnahme"* (= Aufnahme einer gesamten Unterrichtsstunde oder einer gesamten pädagogischen Situation). Während die Ergebnisse des Vergleichs der drei Rechenstunden (s. o.) den „Gesamtaufnahmen" von Unterrichtsstunden und pädagogischen Situationen entnommen worden sind, haben wir es bei dem zweiten Beispiel zwar auch mit einer Gesamtaufnahme zu tun, von der hier allerdings nur ein Ausschnitt wiedergegeben worden ist. Man spricht daher von einer „Teilaufnahme".

Bei der folgenden Aufnahme handelt es sich um das Teilstück einer „Lehreraufnahme" im Gruppenunterricht der Untergruppe der Jenaer Universitätsschule vom 19. 9. 1947. Mit Hilfe der Lehreraufnahme will man die Haltung des Lehrers, seine Zuwendung zu den Schülern und seine Tätigkeit im Raume festhalten, um daraus Erkenntnisse über das Lehrerverhalten zu gewinnen. Else Müller-Petersen schreibt über die Lehreraufnahme:

„Es müssen die Wirkungen seines (= des Lehrers; d. Verf.) Tuns und Redens auf die Kinder, der Widerhall in der Klasse, im Kurs oder im Kreis, aber auch die Anregungen und Ablenkungen, die von den Kindern kommen und den Lehrer zu dieser oder jener Äußerung, diesem oder jenem Tun veranlassen, mit aufgenommen werden ... Die Lehreraufnahme ist sehr aufschlußreich, freilich am schwierigsten in der Gruppenarbeit, im Werkkurs usw., da der Lehrer hier fortgesetzt von Kind zu Kind, von Tischgruppe zu Tischgruppe geht, hier- und dorthin abgerufen wird und der Beobachter genötigt ist, mitzugehen, um von dem Tun, den Worten und Blicken des Lehrers nichts zu verlieren." (24; 181/82)

Ein „Lehreraufnahmebogen" unterscheidet sich nicht vom „Einzelaufnahmebogen" und weist folgende Spalten auf: Nach der „Zeitspalte" folgt die Spalte „Aufnahmeverlauf". Hier werden die Tätigkeiten des Lehrers, der Schüler und sonstige Geschehnisse eingetragen, soweit sie zum Verständnis der Lehrertätigkeit unerläßlich sind. Die dritte Spalte „Leistung — Gang" hebt die Leistungen des Lehrers hervor. Die vierte Spalte ist für „Deutungen, Bemerkungen, Berichtigungen, Ergänzungen" vorgesehen. Sie wird sofort nach der Aufnahme ausgefüllt. Es empfiehlt sich, den Lehrer hierzu heranzuziehen. Die fünfte Spalte „Auswertung und Einordnung" dient der wissenschaftlichen Bearbeitung des ganzen.
Der Gruppenunterricht begann aufgrund nachkriegsbedingten Raummangels 14.20 Uhr. Die Unterrichtsabsichten und Pläne der Lehrerin waren folgende:

„Achten auf das Ranzenfach, Zeigen des ‚Leseplatzes' im neuen Gruppenraum, gemeinsames Üben des Liedes ‚Rumpumpel macht 'ne Landpartie' (für die Aufnahmefeier der Schulneulinge am Dienstag, morgen Kleidung mitbringen). — Bernd D. beobachten, ob er von selbst zur Aufgabenstellung kommt. — Wolfgang D.'s Rechnen auf Richtigkeit überprüfen. Ullas Schriftbild kontrollieren. Zum Lesen holen: Gerhard (guter Leser), da er Ende der vorigen Gruppenarbeit auf dem Leseplatz vergeblich wartete: Siegfried, Johannes, Ortrun, Regina, evtl. Hermann und Horst lesen lassen. Horst kann auch mit Peter R. üben, wenn dieser da ist.
Vor der Gruppenarbeit lag ein Kurs von 55 Minuten und eine anschließende Pause von 5 Minuten zum Umräumen."

Die Wiedergabe des Teilstücks beginnt etwa 14.29 Uhr. Während der ersten 9 Minuten haben die 9 Kinder des zweiten, die 12 Kinder des dritten und die 2 Kinder des vierten Schuljahres für die Aufnahmefeier der Schulneulinge am folgenden Tag ein Spiel-Lied eingeübt. In den nächsten 6 Minuten beobachten wir die folgenden Lehrertätigkeiten:

Zeit	Aufnahmeverlauf	Leistung Gang	Deutungen Bemerkungen Berichtigungen Ergänzungen	Auswertung Einordnung
14.29	L.: „Wenn ich mich hierherstelle, müßt ihr alle ganz leise sein." Lehrerin war dabei zum Leiseplatz gegangen. L geht wieder in den Kreis. L.: „Froher Anfang". Bei „Anfang" drücken sich alle die Hand im Kreis, die Kinder gehen auseinander und setzen sich.	Aufforderung zum Arbeitsbeginn		
14.30	L begibt sich auf den Leiseplatz. Kinder erheben die Arme, legen Finger auf die Lippen; es entsteht Ruhe. L weist Wolfgang D. und Klaus neue Plätze an und geht dann zu Inge G.; L zeigt ihr, was sie schreiben soll. Die daneben sitzende Inge B. fragt L, wie sie beim Rechnen im Rechenheft schreiben soll. L.: „Du sollst das ausrechnen, hintereinander; schreibe beide Reihen nebeneinander und rechne aus, laß Platz dazwischen! Dann sehen wir es zusammen an." Es waren folgende Aufgaben: Vergleiche 2 x 5 = ... 5 x 2 = ... L geht zu Rosemarie, die auch rechnet, legt ihr das Rechenheft zurecht: „Hole mal die Kette!" (Montessori-Rechenkette). Irene zu L: „Kann ich mir ein Kärtchen wählen zum Abschreiben?" L.: „Geh mal zu Inge, die hilft dir aussuchen." (Inge hat das Arbeitsmittelamt.)	Kr sorgen für Ruhe L geht an die Tische zu den Kindern, die Arbeitsanweisungen am nötigsten brauchen, und beantwortet kurze Zwischenfragen einiger Kinder	Es wird viel Montessori-Material benutzt auf der Unterstufe. L verweist ein Kind an ein anderes, sich von ihm helfen zu lassen.	

Zeit	Aufnahmeverlauf	Leistung Gang	Deutungen Bemerkungen Berichtigungen Ergänzungen	Aus-wertung Ein-ordnung
	Ortrun kommt mit ihrem Heft: „Kann ich so runter schreiben?" L: „Ja." L geht zu Johannes, der mit dem Buchstabensetz-kasten „1000 bunte Wor-te" arbeitet. — J. hatte „Muttj" gesetzt, weil er das i nicht gefunden hatte. L tippt mit dem Finger auf den falschen Buchsta-ben: „Du mußt dafür das i suchen." L geht zu dem rechnenden Bernd: „Jetzt kommen die-se Aufgaben dran: 2 x 2, 3 x 3; das schreibst du ru-hig untereinander." L zu Klaus D., der auch rechnet. L zeigt auf „Wch." im Re-chenbuch: „Weißt du, was das heißt?" Klaus liest: „2 Wochen = ? Tage 10" (im Rechen-buch steht: 9.) 2 Wochen = Tg. 10.)). Da Klaus die 10 zur Auf-gabe hinzudachte, konnte er mit ihr nichts anfan-gen. L: „Guck mal, das geht nur bis hierher." L legt den Bleistift zwi-schen Tg. und 10.) 1.: „Das beste ist, du holst dir die Kette mit den 7 Perlen." Klaus kommt zurück zu L, weil er die Kette nicht fin-den kann. L geht mit ihm zu dem Platz, an dem die Perlen-ketten hängen.	Zielangabe n. Arbeitsanwei-sung an Bernd L macht Klaus D. auf Fehler aufmerksam L empfiehlt Arbeitsmittel	L spricht so wenig wie möglich mit den Kindern, um nicht im Raum zu stören, und um zum „schweigen-den Denken" zu erziehen. Sie han-delt lieber, zeigt mit dem Finger usw. und veran-laßt dadurch die Kinder auch zu handeln, anstatt zu reden. Es ist dies die 9. und 10. Aufgabe.	
14.35	usw.	usw.	usw.	

70

Dieses Beispiel wie auch die vorhergehenden Beispiele zeigen, daß durch unvoreingenommenes Beobachten und Beschreiben zunächst die Phänomene erfaßt werden, um sie dann in einem zweiten Akt zu klären und zu deuten. Das methodische Fundament dieser deskriptiven oder empirischen Verfahren ist die *Phänomenologie*, d. h. die beschreibende Wesenserfassung der Phänomene. Durch deskriptive Analyse soll die pädagogische Praxis geklärt und die Strukturen freigelegt werden. Wir haben schon mehrfach darauf hingewiesen, daß die Deskription innerhalb eines pädagogischen Sinnzusammenhangs erfolgt, der zuerst aufgezeigt werden muß.

Für das tatsachenmäßige Erfassen des pädagogischen Geschehens empfiehlt Petersen im Anschluß an seinen Lehrer, den Psychologen E. *Meumann,* die folgenden Methoden:

1. Die Methode „des phantasievollen Sichhineinversetzens in die Kindheit";
2. „Die Sammlung von Erinnerungen an die Kindheit";
3. „Die vergleichend-entwicklungsgeschichtliche Methode";
4. „Die Sammlung kindlicher Leistungen";
5. „Die direkte Beobachtung des Kindes" mit Hilfe der „Fragebogenmethode", „Tagebuchmethode", „Führung von Personalbüchern in der Schule";
6. „Das Experiment" als „kinderkundliches und jugendkundliches Experiment", als „pädagogisch-didaktisches Experiment" und als „Bildungsexperiment".

Petersen ist überzeugt, daß durch die Verwendung dieser Methoden eine über die pädagogische Tatsachenforschung hinausgehende, umfassendere „Erziehungswissenschaftliche Tatsachenforschung" begründet werden kann (24; 101).

Die Bedeutung der pädagogischen Tatsachenforschung für die Lehrerausbildung

Die letzte Schrift, die Petersen veröffentlicht hat, trägt den Titel: „Eigenständige (autonome) Erziehungswissenschaft und Jena-Plan im Dienst der pädagogischen Tatsachenforschung und der Lehrerbildung". (1951, vgl. 20) Petersen beschäftigt sich hier mit dem Gewinn der pädagogischen Tatsachenforschung für die Lehrerausbildung. Aus seiner Einstellung, die ganz der Berufspraxis des Lehrers zugewandt ist, fordert er, daß das Studium des künftigen Lehrers „vom Studium der Erziehungswirklichkeit" auszugehen hat, gleichwie alle Wissen-

schaften, die sich mit dem Menschen befassen, von den realen Ge-
gebenheiten ausgehen. Das Pädagogikstudium soll also nicht mit den
Fragen der Philosophie oder der Geschichte der Erziehung beginnen.

In den Naturwissenschaften wie in den Lebenswissenschaften
„ist es seit hundert und hundertfünfzig Jahren, und zum Teil noch weiter
zurück, nicht mehr üblich, etwa mit der Philosophie der Natur oder der
Philosophie schlechthin zu beginnen. Das Physikstudium und das der
Biologie z. B. beginnen ebensowenig mit der Philosophie der Natur oder
des Lebens wie der Philologe mit der Philosophie der Sprache, und ebensowenig beginnen ihrer aller ersten Kurse mit der Geschichte der betreffenden Fachwissenschaft, etwa mit der Geschichte der Sprachwissen-
schaft oder der Sprache. Ja, es kann einer, und das ist nahezu die Regel,
ein hervorragender Philologe, Physiker, Chemiker, sein ohne Kenntnis,
selbst ohne Interesse für die seiner Wissenschaft immanente Philosophie
oder für die Geschichte seines Faches, mindestens nicht über das hinaus
an Geschichte, was noch heute in sie hineinragt, in seine Gegenwart und
darum auch irgendwie lebendig ist, also gekannt werden muß." (20; 20)

Daher soll im Mittelpunkt des Erziehungswissenschaftlichen Studiums vom ersten Semester an
„die Beobachtung der mannigfaltigen Seiten der Erziehungswirklichkeit,
ihre planmäßige Beobachtung, die methodisch geleitete Aufnahme samt
ihrer Bearbeitung und Auswertung, alles von vornherein zielbewußt im
Hinblick auf die Praxis" stehen. (20; 21)
Die so gewonnenen Kenntnisse und Erkenntnisse bilden die „Grundlagen im Fortgang der Ausbildung". Es geht Petersen also von Anbeginn des Studiums an um eine „Verbindung erziehungswissenschaftlichen Arbeitens und Studierens mit der Beobachtung guter Praxis, später der eigenen oder eines Kommilitonen". An dieser Stelle
kommt auch die pädagogische Tatsachenforschung, vor allem „Unter-
richtsprotokolle" als 'geronnene Praxis' oder als 'konserviertes Unterrichtsleben', zur Verwendung. Die Aufzeichnungen bilden „das Ma-
terial der akademischen Ausbildung". Die kritische Analyse von Un-
terrichtsprotokollen schult den Blick für Erziehungs- und Unterrichts-
prozesse und deren Strukturierung und bahnt eine der Person des
Studenten entsprechende Beherrschung des pädagogischen Feldes an.

Aufnahmen aus der pädagogischen Tatsachenforschung können also
in der Lehrerausbildung sinnvoll verwendet werden und zum eigenen
geklärten Tun hinführen; sie können die Diskussion beleben, und
eine Problemstellung aus einem Unterrichtsablauf kann bis zum Ende

durchdacht werden, da die Beobachtungen ‚festliegen'. In der gegenwärtigen Praxis der Lehrerausbildung bleibt die Besprechung von Unterrichtsstunden oft an der Oberfläche; sie unterliegt weitgehend dem subjektiven Meinen. Der Student verläßt unter solchen Umständen die Besprechung ohne neue Erkenntnisse. Exakte Aufnahmen können dagegen für die erziehungswissenschaftliche Erkenntnisbildung sowie für die Erziehungs- und Unterrichtsplanung und -durchführung wichtige Hilfen bieten. Daß pädagogisches Handeln nicht *allein* der Erkenntnis folgt, ist bekannt. Und trotzdem gilt, daß es vorteilhaft für die Kinder, die Schule und den Beruf ist, wenn die Unterrichtsgestaltung mehr der Erkenntnis folgen würde, statt allzu sehr der pädagogischen Intuition und 'Erfahrung' zu vertrauen. Die pädagogische Forschung kann zur Klärung des Handelns, besonders auch im Hinblick auf die Zukunft, entscheidend beitragen.

6. Universitäre Lehrerausbildung

Der Kampf um eine Studiendauer von mindestens sechs Semestern

Die letzten Ausführungen des vorhergehenden Abschnittes leiten bereits zur Lehrerausbildung über. Petersen hat vom Tage seiner Berufung nach Jena an die *volle Integration der Lehrerausbildung in die Universität* gefordert. Die Universität Jena war auf diese Aufgabe bereits vorbereitet. Schon der Vorgänger Petersens, *Wilhelm Rein*, hatte für dieses Ziel gekämpft. Er hatte die Forderung der deutschen Lehrerschaft nach akademischer Ausbildung, die seit nahezu einem Jahrhundert bestand, zu verwirklichen versucht. Wir wiederholen das Urteil Petersens über Rein: „Sein Name war ein Programm in der Kampfzeit der deutschen Lehrerschaft um akademische Ausbildung." (5; 33) Auch von staatlicher Seite war damals für Petersens Zielstellung der Boden bereitet. Das Land Thüringen hatte bereits im „Lehrerbildungsgesetz" vom 8. 7. 1922 die Grundlagen für die akademische Ausbildung aller Lehrer des Landes geschaffen. Im § 2 heißt es:

„Für die Berufsausbildung der wissenschaftlichen Lehrer und Lehrerinnen ist künftig der Besuch einer Hochschule und praktisch-pädagogische Schulung erforderlich."

In den Richtlinien zu diesem Paragraphen vom 22. 1. 1923 wurde eine *vierjährige* Ausbildungszeit festgelegt, die sich in zwei Universitätsjahre und in eine zweijährige praktisch-pädagogische Ausbildung im Rahmen eines über ganz Thüringen hin organisierten „Pädagogischen Instituts" gliederte. Die Überwachung der praktischen Ausbildung sollte durch fünf Oberschulräte vorgenommen werden, die in enger Verbindung mit der Universität arbeiteten.

Diese Ordnung hat Petersen in seiner Antrittsvorlesung am 3. November 1923 angefochten. Vom Standpunkt der Erziehungswissenschaft als einer Universitätswissenschaft ließ sich ein bloß viersemestriges Studium nicht rechtfertigen. Petersen erhob die Forderung nach einem dreijährigen akademischen Studium:

> „Die ... für Thüringen geplante Teilung der vierjährigen Studienzeit in zwei Hochschuljahre, zwei Jahre pädagogisches Institut, muß bereits von allen, die es aufbringen können, heute durch die Teilung 3 : 1 ersetzt werden." (5; 49)

Die Bemerkung „die es aufbringen können" bezieht sich auf die Not- und Inflationsjahre der Zeit nach dem ersten Weltkrieg. Nicht jeder Student konnte die Mittel für ein längeres Studium aufbringen. Die Philosophische Fakultät stimmte Petersens Forderung am 28. 3. 1924 zu. Im Sommer desselben Jahres ist dann die akademische Lehrerausbildung an der Landesuniversität folgendermaßen neu geordnet worden: An der vierjährigen Dauer der Gesamtausbildung wird festgehalten. Sie gliedert sich in ein dreijähriges Universitätsstudium, in das Teile der praktischen Ausbildung integriert werden, und ein einjähriges praktisches Jahr. Die Ausführungsbestimmungen zu dem oben angeführten § 2 des Lehrerbildungsgesetzes sind daraufhin entsprechend geändert worden. (20. 12. 1924) Gleichzeitig wurde das „Pädagogische Universitätsseminar" in die „Erziehungswissenschaftliche Anstalt der Thüringer Landesuniversität" umgewandelt. Diese Universitätsanstalt wurde die eigentliche Trägerin der akademischen Lehrerbildung. Über ihre Aufgaben geben die „Richtlinien für die Ausbildung des Berufserziehers an Schulen aller Art" (1923) Auskunft. Wir zitieren daraus die entsprechenden Stellen, um damit jedem Leser die Möglichkeit zu geben, selbst zu überprüfen, was in den dazwischen liegenden 50 Jahren gegenüber den damaligen Planungen erreicht worden ist.

> „Die Erziehungswissenschaftliche Anstalt steht im Dienste der Erziehungswissenschaft, deren Aufgabe es bildet, sämtliche erziehende Mächte innerhalb einer Volkskultur methodisch zu erfassen, kritisch zu prüfen

und zu bewerten. Sie führt die Studierenden durch Übungen, Aussprachen (Kolloquia) usw. in die Erziehungswissenschaft ein und leitet sie zu
selbständiger Forschung an, wie sie denn insbesondere der Entwicklung
und Fortbildung der Erziehungswissenschaft selber dient. Die Erziehungswissenschaft strebt danach, sich als die oberste kritische Instanz
für alles auszubilden, was sich praktisch erziehend auswirkt. Dazu bedarf sie der immer erneuten theoretischen Besinnung auf sich selbst und
gleichzeitig der Anschauung, der praktischen Kenntnis und Prüfung der
gegebenen Erziehungsmächte der Gegenwart. Aus diesem Grunde ver-
teilt sich die Arbeit dieser Anstalt auf zwei Abteilungen:

I. *Die Abteilung für Erziehungswissenschaft:* a) sie behandelt die Methoden, Grundlagen, Einzelgebiete und das Ziel der Erziehungswissenschaft; b) führt kritisch ein in ihre Quellen (Geschichte und Soziologie
der Erziehung); c) vergleicht wertend die erziehungswissenschaftlichen
Theorien der Gegenwart im In- und Auslande; d) untersucht wertend
die allgemeinen Grundlagen *aller* Erziehungspraxis im In- und Auslande.

II. *Die Abteilung für Erziehungspraxis:* a) Diese Abteilung sucht dem
Studierenden die ganze Mannigfaltigkeit der innerhalb der lokalen Ge-
meinde des Universitätsortes und seiner nächsten Umgebung vorhande-
nen Erziehungsmächte (Schulen aller Arten, Volksbildungsarbeit aller
Art, Wohlfahrtsämter, Jugendamt, Genossenschaftswesen, Vereinswesen,
Presse, Theater, Kino usw.) nach Art, Zweck und Erfolg anschaulich zu
machen, ihm Auge, Herz und Verstand für seine künftige Aufgabe als
Volkserzieher zu öffnen; b) sie regt an zu Versuchen, bereitet selber solche vor, oder hilft mit bei der Vorbereitung und Durchführung neuer
Versuche volkserzieherischer Art; c) sie organisiert besondere Vortragsreihen und Kurse, z. T. als Wanderkurse durch das Land; d) im Verein
mit der gesamten erziehungswissenschaftlich gerichteten Hochschularbeit
organisiert sie alle Veranstaltungen zur Fortbildung von Erziehern. —
Die Arbeit dieser Abteilung erfolgt demnach in Übungen, Ansprachen,
Besuchen, Besichtigungen, Vortragsreihen, Kursen sowie in Versuchen
aller Art zur Hebung und Besserung der bestehenden Erziehungspraxis."
(5; 52/53)

Inhalte und Organisation der Studien

Die *Studienordnung* schrieb für das Studium des Berufserziehers die
folgenden Disziplinen vor: 1. Erziehungswissenschaft, 2. Philosophie,
3. Psychologie und 4. eine Fachwissenschaft nach freier Wahl; an ihre
Stelle konnte auch ein künstlerisch-technisches Fach treten. Die Erziehungswissenschaft wurde im Rahmen der genannten Disziplinen
als Hauptfach studiert. Die übrigen Wissenschaften hatten die Stellung von Nebenfächern. Das Verhältnis der im weiten Sinne erzie-

hungswissenschaftlichen Disziplinen zur Fachwissenschaft wurde mit 3:1 angegeben und empfohlen. Als Richtlinie für die Stundenverteilung in den sechs Semestern galt folgender Vorschlag:

Erziehungswissenschaft in Theorie und Praxis	52 Wochenstunden,
Philosophie	20 Wochenstunden,
Psychologie	14 Wochenstunden,
Fachwissenschaft	28 Wochenstunden,
	114 Wochenstunden.

Es entfielen also durchschnittlich 19 Wochenstunden auf die wissenschaftliche Arbeit. Zu diesen Verpflichtungen kamen noch die Teilnahme an den Leibesübungen, ohne deren Nachweis damals kein Student der Universität Jena zu einer Prüfung zugelassen wurde, sowie die Ausbildung in den verschiedenen Techniken (künstlerische Erziehung, Werkunterricht, Klassenzimmertechniken, Buchbindekurs, Wandtafeltechnik) und ein Schulhelferdienst von zweimal drei Monaten. Die musikalische Ausbildung hat sich damals noch in den Anfängen befunden.

Rückläufige Entwicklung: das dualistische System setzt sich durch

Petersen und seine Mitarbeiter haben während der folgenden Jahre innerhalb der Erziehungswissenschaftlichen Universitätsanstalt sämtliche Einrichtungen geschaffen, die für die Lehrerausbildung notwendig waren. Allmählich setzte sich aber eine schulpolitische Reaktion durch, die die vollakademische Ausbildung bekämpfte. Die Idee der preußischen Pädagogischen Akademie mit ihrem Vielerlei an Stoffen (alles, was der Lehrer braucht!), der starken Betonung des Musischen und der kürzeren Ausbildungszeit hat Petersens Planungen durchkreuzt und nicht voll zur Auswirkung kommen lassen. Obwohl in den „Akten zur Rückbildung der Lehrerbildung in Thüringen" ausdrücklich gesagt wird, daß an der Universität Jena mindestens das gleiche Ausbildungsniveau erreicht worden ist wie an den preußischen Pädagogischen Akademien, ist die *voll*akademische Lehrerausbildung in Thüringen wieder rückgängig gemacht worden. In den „Akten" heißt es zu dieser Frage:

„Alles, was die preußischen Pädagogischen Akademien planen, was die bestehenden Pädagogischen Institute in ihrer Art entwickelt haben, ist *im Rahmen des vollakademischen Studiums in Verbindung mit einer reinen Universitätseinrichtung* zu schaffen möglich gewesen, und deswegen hat Jena mit Erfolg das Vorbild besonders auch für Hamburg geben können, das in allen diesen Fragen, mit lokal bedingter Abwandlung, denselben Weg geht." (11; Nr. 5; 17)

Der eigentliche Grund der Rückbildung war folgender: Die Regierung hatte den Einbau des praktischen Jahres in das Universitätsstudium gefordert, was eine zeitliche Verminderung der Studien bedeutete. Hiergegen wehrte sich aber die Philosophische Fakultät, die darin mit Recht eine Gefährdung des wissenschaftlichen Studiums erblickte.

Gegenüber dem monistischen System, das in Jena auch historisch gerechtfertigt war, gewann in der Folgezeit das dualistische die Oberhand, d. h. neben der Universität wurde ein „Pädagogisches Institut" aufgebaut, das etatmäßig nicht zur Universität zählte. Dort wurden die Didaktiken und die Schulpraktische Ausbildung betrieben, also alles das, was Petersen in der Universität bereits durchgesetzt hatte oder was er in der Universität zu entwickeln beabsichtigte. Schon in der Jenaer Antrittsvorlesung hatte er zu dem *Problem der Didaktik* Stellung genommen und die Didaktik als eine Universitätswissenschaft deklariert:

„Gleichzeitig aber bedarf der neue Erzieher noch einer Einstellung zum Wissenschaftsstoffe, die ihm während der akademischen Ausbildungszeit gegeben werden sollte, nämlich zur *Übermittlung* des Stoffes und zwar nach zwei Seiten. Er strebt nach jenem methodischen Können nicht nur, um dieses Könnens selber willen und lediglich zum Dienst an der Fortführung der betreffenden Fachwissenschaft, sondern er möchte zugleich Einblick *darin* erhalten, wie solcher Stoff *lebendig* weiterzugeben ist. ... Und so tritt neben die Sinnbezogenheit des Stoffes die seiner *Kulturbezogenheit. Damit ersteht eine *neue Didaktik* als die Lehre von den Stoffen und ihrer lehrhaften Gliederung und Ordnung. Die Aufgabe, in die wissenschaftliche Systematik einzuführen, wird allein Aufgabe des Universitätslehrers sein; in die Didaktik wird er sich mit dem praktisch tätigen Erzieher teilen, obwohl ich glaube, daß der Reiz, den diese Aufgabe birgt, mehr und mehr gerade auch den Wissenschaftler von Beruf anziehen wird." (5; 43/44)

Die Zweiteilung der Lehrerausbildung in eine wissenschaftlich-theoretische und eine didaktisch-schulpraktische, wie sie an den preußischen Akademien, nach 1928 auch an der Universität Jena und später auch in Hamburg durchgeführt worden ist, hat auf Jahrzehnte verhindert, daß sich die Fachdidaktiken zu einer eigenständigen Disziplin neben der Fachwissenschaft entwickeln konnte. Erst etwa 40 Jahre später ist diese Aufgabe, nämlich Fachdidaktik als Wissenschaft zu betreiben, in größerem Umfange in Angriff genommen worden. Petersen hat schon 1923 darauf hingewiesen, daß die Entwicklung der Fachdidaktik zur eigenständigen Wissenschaft dem „Wissenschaftler von Beruf" zusteht.

Es bestand damals also gar kein innerer Zwang, „den an der Jenaer Universität eingeleiteten und fortgesetzten sorgfältig überdachten Versuch abzubrechen", wenn man Petersens Vorschlägen gefolgt wäre und die praktischen mit den theoretischen Studien verbunden hätte. (11; Nr. 5, 18) Aber der Vorausgriff Petersens, eine *völlig neue, integrierte Lehrerausbildung* zu schaffen, war·vielen zu fremd, so daß sie sich nicht durchsetzen konnte. Die preußischen Pädagogischen Akademien bildeten demgegenüber keinen wahren Neuansatz. Sie standen am Endpunkt einer Entwicklung, für die in der Aufklärung und Goethezeit der ideelle Grund gelegt worden war. Der Studienplan der Akademien unterschied sich von dem der Seminare lediglich in der Höhenlage. Die Vielzahl der Stoffe, das „Von-Allem-Etwas-Haben", war geblieben. Die Unzufriedenheit mit den Akademien bzw. Hochschulen beweist die Diskussion, die in den etwa 30 Jahren ihres Bestehens nicht zur Ruhe gekommen ist. Das duale System einer höheren Lehrerausbildung kann man nur überwinden,

> „wenn man die *gesamte grundlegende pädagogische Ausbildung in die Universität* verlegt; denn die praktisch-pädagogische Ausbildung, die für die erste Anstellung notwendig ist, ist auch für ein richtiges erziehungswissenschaftliches Studium unerläßlich. Die endgültige *spezielle* Berufsausbildung kann ja nur im Beruf und durch den Beruf erfolgen" (11; Nr. 5, 28), —

so urteilte damals der Hamburger Erziehungswissenschaftler, *Prof. Dr. Deuchler*, in seinem Gutachten vom 20. September 1927 an das Thüringer Volksbildungsministerium. Der Universität Hamburg ist es in den zwanziger Jahren gelungen, den in Jena begonnenen Weg fortzusetzen, auszubauen und trotz gewisser Rückentwicklungen, die sich in gleicher Weise wie in Jena vollzogen, bis in die Gegenwart hinein zu halten. Die Pädagogischen Hochschulen der BRD folgen etwa ab 1960 den von Petersen und Deuchler entwickelten Prinzipien, nämlich die didaktische und die praktisch-pädagogische Ausbildung in hochschulgemäßer Form durchzuführen. (53)

Die Begegnung mit der Praxis ist für das erziehungswissenschaftliche Studium unerläßlich

Die Ansicht Deuchlers, derzufolge die praktisch-pädagogische Ausbildung „auch für ein richtiges erziehungswissenschaftliches Studium unerläßlich ist", wirft die Frage nach dem *Verhältnis von Theorie und Praxis* innerhalb der Erziehungswissenschaft wie überhaupt der Berufsausbildung auf. Es ist bekannt, daß sich die Universitäten in den 20er Jahren und auch in der Zeit nach 1945 der berufspraktischen Ausbildung widersetzt haben. Sie wollten nur der theoretischen Erkenntnisbildung dienen. Petersen hat demgegenüber betont, daß erziehungswissenschaftliche Erkenntnisse vor allem aus der Erziehungswirklichkeit gewonnen werden müssen. Aus diesem Grunde bedarf das Studium der Erziehungswissenschaft der Begegnung mit der Praxis. Hierzu Petersen:

> „Die Erziehungswissenschaft erstrebt in ihrem allgemeinen Teil eine systematische Ordnung derjenigen Erkenntnisse, welche im Problemgebiet der Erziehungswirklichkeit gewonnen werden, unter obersten Prinzipien." (12; 9)

Da der Gegenstand der Erziehungswissenschaft also die gesamte Erziehungswirklichkeit und für Lehrer insbesondere die Schulwirklichkeit ist, kann und darf dieses Feld während des Studiums nicht ausgeklammert werden. Es muß im Gegenteil bei vielen Fragen den Ausgangspunkt bilden. Über die *Anschauung* und *Beobachtung* des Erziehungsgeschehens und die sich daran anschließenden kritischen Reflexionen hinaus müssen aber auch *eigene Erfahrungen* gemacht werden. Sie setzen eigenes Handeln voraus. Pädagogisches Tun ist notwendig, weil erziehungswissenschaftliches Denken seine stärkste Motivation aus der praktischen Arbeit gewinnt. Es weckt Fragen, die wissenschaftlich untersucht, geklärt und kontrolliert werden müssen. Als reflektiertes Tun verbessert es die pädagogischen Handlungsvollzüge im Hinblick auf die spätere Berufspraxis. Außerdem erleichtert eigenes pädagogisches Handeln die Kategorienbildung. In diesem Sinne war Petersen selbst auch in der Praxis tätig. Jeden Sonnabend unterrichtete er in der Obergruppe seiner Universitätsschule.

Die Integration der praktisch-pädagogischen Ausbildung in das Studium, die Petersen aus Gründen des Wissenschaftscharakters der Erziehungswissenschaft als einer pragmatisch-theoretischen Wissen-

schaft und des Gewinns kritischer Erfahrungen im späteren Berufsfeld für notwendig gehalten hat, machen ihn zu einem sehr frühen
Vorläufer der *einphasigen Lehrerausbildung.* Seine ursprüngliche
Konzeption war einphasig gedacht. Sie bestand, wie wir oben aus-
führten, aus einem dreijährigen Studium, in dem Theorie und Praxis
miteinander verbunden waren, und einem einjährigen praktischen
Jahr, das in enger Verbindung mit der Universität abgeleistet werden
sollte. Daß die Aufteilung: vier/(sechs) Semester Studium + zwei
Semester praktische Tätigkeit + zwei Semester Studium, wie sie
heute diskutiert und gefordert wird, vorteilhafter für die gesamte
Ausbildung ist, ändert nichts an dem Grundgedanken der einphasigen Ausbildung.

Im Mittelpunkt der neuen Lehrerausbildung steht das Studium des Menschen

Die Konzeption der neuen Lehrerausbildung hat Petersen aus den
Forderungen einer neuen Erziehung, einer neuen Schule und damit
zusammenhängend aus einer gewandelten Stellung des Lehrers entwickelt. War der Lehrer im 19. Jahrhundert und praktisch weit über
diesen Zeitraum hinaus

> „der Wegweiser zum Wissen und Können, das die Schule verlangte, ein
> Fragekünstler . . ., ein Kenner der höchsten sittlichen Normen und dabei
> der Ansicht, daß ein junges Menschenkind vom ersten Schultage an unter
> sie zu beugen sei, damit sich in frühzeitiger Gewöhnung mit Hilfe
> scharfer Zucht sein Wille unter die Normen füge" — (5; 35/36),

so hat er jetzt aus einer am Pestalozzigeist geläuterten Gesinnung die
Erziehung so zu gestalten, daß sie „dem Haschen der Natur nach ihrer
eigenen Entwicklung Handbietung" leistet. Die neue Einstellung dem
jungen Menschen gegenüber erfordert ein intensives Studium seiner
Wesensart, seines Wachstums, seiner Möglichkeiten und seines Mi-
lieus. Im Mittelpunkt der neuen Ausbildung muß also der Mensch
stehen, im besonderen das Kind und der Jugendliche, und zwar als
Individuum wie als gesellschaftliches Wesen. Auf den Menschen ist
auch alles Fachliche, d. h. alle Lerninhalte, zu beziehen. Aber über
diese Personen- und Sachprobleme hinaus hat die Erziehungswissenschaft — wie wir oben schon dargestellt haben — die Frage nach Sinn
und Ziel des Menschen und des Lebens zu beantworten.

„Der Weg muß sichtbar gemacht werden und wird gewiesen von den *ideal* erziehenden Werten und Mächten, welche die allgemeine Erziehungswissenschaft auf ihrem Höhepunkt dargelegt und von denen sie her bereits den gesamten Anstieg durchlichtet hat." (5; 47)

Petersen hat also von Anfang an entgegen mancher Behauptung seiner heutigen Kritiker erkannt, daß sowohl die Metaphysik als auch die Ziellehre in den Bereich der Erziehungswissenschaft gehören. Die Erziehungswissenschaft und damit auch die Lehrerausbildung müssen die Sinnfrage an den Anfang ihrer Erörterungen stellen. Keineswegs bleibt das pädagogisch Normative bei Petersen „in beunruhigender Weise unbeachtet und ungeklärt". (67) Aber das Normative wird nicht von außen gesetzt. Das „Humanum" gehört von Ursprung an zum Menschen und ist daher ein Phänomen des Erziehungsfeldes.

Die Gründung der „Sozial-Pädagogischen-Fakultät"

Im November 1945 schien Petersens größter Wunsch im Hinblick auf die Lehrerausbildung in Erfüllung zu gehen. Es gelang ihm, an der Friedrich-Schiller-Universität eine „Sozial-Pädagogische-Fakultät" zu gründen. Sie sollte die Ausbildung aller Lehrer übernehmen. Petersen versuchte, als erster gewählter Dekan seine Ideen in vollem Umfang zu verwirklichen. Den Plänen der „Deutschen Zentralverwaltung in der sowjetischen Besatzungszone" hat er mit großer Entschiedenheit seine eigenen entgegengesetzt.

In einer bisher unveröffentlichten Stellungnahme der „Sozial-Pädagogischen Fakultät" vom 17. 1. 1947 zum „Studienplan für Studierende zum Lehramt an Grundschulen" der Deutschen Zentralverwaltung vom 18. 7. 1946 heißt es:

> „Ein Studium, das den Studenten zwingt, 36 Wochenstunden im Semester zu belegen und zu hören, ist kein akademisches Studium. Die Fakultät wird herabgedrückt auf das Niveau eines Lehrerseminars mit Pauk- und Prüfungsbetrieb. Sinn und Wert eines akademischen Studiums gehen verloren."

Petersen verteidigt in seinen Stellungnahmen auch das Studium *eines* Wahlfaches gegenüber den von der Deutschen Zentralverwaltung geforderten und später auch verfügten zwei Fächern. Er warnt davor, das erziehungswissenschaftliche Studium zugunsten des Fachstudiums einzuschränken. Es geht ihm und seinen Mitarbeitern um *eine erziehungswissenschaftliche Erkenntnisbildung* der Studierenden, und hierfür muß genügend Zeit zur Verfügung stehen.

„Nur dadurch kann der hohe Stand der pädagogischen Wissenschaft an den deutschen Universitäten erhalten bleiben, eine deutsche Leistung, die u. a. auch der Bericht der amerikanischen Erziehungskommission vom September 1946 rückhaltlos anerkennt. Er schreibt auf S. 38: ‚Vor 1933 stellten die deutschen Universitäten die höchste Entwicklung echter Wissenschaftlichkeit und geistiger Betätigung dar. *Lehrfreiheit* und *Lernfreiheit* machten das ungehinderte Suchen nach Wahrheit möglich und ermutigten es. Die Gelehrten kamen aus allen Teilen der Erde, um an diesen Anstalten zu studieren und kehrten in ihr eigenes Land zurück, um dort pädagogische Führerstellen zu übernehmen.' Die Anlage ‚100 Jahre Pädagogisches Seminar und Universitätsschule in Jena' bestätigt für die Universität Jena die Angaben des amerikanischen Erziehungsberichts. Die Sozialpädagogische Fakultät hat infolgedessen eine hohe und sie verpflichtende Tradition zu hüten und sie weiterzuführen."

Diese Zeilen — von Petersen persönlich in schwerer Zeit an die Deutsche Zentralverwaltung in der SBZ gerichtet und verantwortet — legen Zeugnis von seinem Mut ab, sich staatlichen Verordnungen zu widersetzen, wenn die eigenen Erfahrungen und Erkenntnisse dem widersprechen. Weitere ähnliche Belege könnten hinzugefügt werden. Sie widerlegen die Behauptung, daß Petersen „Kommunist" gewesen sei —, eine Behauptung, die in den Jahren 1946—48 in westdeutschen Blättern aus Unkenntnis der wahren Sachverhalte verbreitet worden ist.

Der Studienplan der neuen Fakultät hat sich nicht wesentlich von den in den zwanziger Jahren entwickelten Plänen unterschieden. Die theoretisch-erziehungswissenschaftliche sowie die schulpraktische Ausbildung sind gegenüber früheren Entwürfen sogar noch verstärkt worden.

Wenn die Planungen, die in den Jahren nach 1945 in Angriff genommen worden sind, nicht voll zur Entfaltung gekommen sind, so lag dies an den nachkriegsbedingten Zeitverhältnissen. Petersen war in den zwanziger Jahren an persönlichen wie sachlichen Widerständen gescheitert. Diesmal sind es die politischen Verhältnisse gewesen, die einen echten Neuansatz der Lehrerausbildung verhinderten. Eine freie Volksschule innerhalb eines staatlich geschützten Schulwesens, in ihr die Pflege des volksbewußten freien Menschen (5; 68, 72) und als Voraussetzung hierzu den wissenschaftlich geschulten, weitblickenden und freien Erzieher — alles das hat sich unter einem totalitären Regime nicht durchsetzen können. Petersens Ziele bewegten sich nicht in dem engen Rahmen der späteren „Pädagogischen Fakultäten" der Universitäten der Deutschen Demokratischen Republik. (Vgl. 28c;

119—126) Diese Fakultäten haben im Gegensatz zur „Sozial-Pädagogischen Fakultät" der Universität Jena den parteipolitisch geschulten und parteihörigen „Kämpfer" zu formen versucht. Als diese Fakultäten das genannte Ziel im Rahmen der Universitäten nicht erreichten, sind sie kurzer Hand wieder aufgelöst worden. An ihre Stelle traten Pädagogische Hochschulen bzw. Lehrerbildungsinstitute, die die Ausbildung nach den staatlichen Forderungen ausrichteten und eine straffe parteiliche Schulung betrieben.

Petersen hat sein Lehrerbildungsmodell in den fast 30 Jahren seines akademischen Wirkens aus den Berufsanforderungen und aus erziehungswissenschaftlichem Denken begründet. Die Studierenden sollten in das Berufsfeld eingeführt und auf diese Weise an pädagogische Grundprobleme herangeführt werden sowie selbst neue Probleme entdecken und lösen lernen. Das macht eine Beschränkung der Zahl der Studiengebiete notwendig. Von der Begegnung mit der Wissenschaft hat sich Petersen Wesensbildung erhofft, die den Menschen so formt, daß er in der Lage ist, die in der späteren Berufsarbeit auftretenden Schwierigkeiten zu meistern. Er war Gegner eines enzyklopädischen Ausbildungsplanes, wie ihn die Pädagogischen Akademien entwickelt hatten und die Pädagogischen Hochschulen später verwirklichten. Bei aller Beachtung der Besonderheiten der Ausbildungsbedingungen für die verschiedenen Lehrergruppen sollten alle Lehrer eine erziehungswissenschaftliche Grundbildung erhalten. Dies kann aber nach seiner Auffassung nur die Universität leisten, und zwar unter der Voraussetzung, daß sie alle Institutionen in sich vereinigt, die die Ausbildung der Lehrer fördern. Nur die gemeinsame Ausbildung aller Lehrergruppen gibt die Gewähr, daß die in Deutschland nebeneinander bestehenden Lehrer-„Stände" sich zusammenfinden und den gemeinsamen pädagogischen Auftrag erkennen. Petersen hat mit seinen Vorschlägen den Weg hierzu gewiesen.

7. Die Herausforderung

Peter Petersen lebt seit über 20 Jahren nicht mehr. Seine Schule in Jena war bereits ein Jahr vor seinem Tode am 11. August 1950 gegen den Protest der Eltern geschlossen worden. Die damalige thüringische Volksbildungsministerin, Frau Dr. Thorhorst, bezeichnete sie als „ein reaktionäres, politisch sehr gefährliches Überbleibsel aus der Weimarer Republik". Bereits seit 1949 bestand für Petersen ein Prüfungsverbot für Staatsexamina. „Damit war Petersens Lebenswerk, das er in 26jähriger unermüdlicher Arbeit mit seinem Herzblut geschaffen hatte, dem Namen und der Sache nach ausgelöscht — ein Schicksalsschlag, den er nicht mehr verwinden sollte", urteilt einer seiner frühesten und tatkräftigsten Mitarbeiter, *Heinrich Döpp-Vorwald*. (26, b; 410)

Dennoch ist Petersens Werk nicht tot. *Seine Pädagogik bildet im Gegenteil eine Herausforderung an unsere Zeit.* Zwar bestehen in der Bundesrepublik nur wenige Jena-Plan-Schulen, u. a. in Hamburg, Hannover, Köln. Teilaspekte der Pädagogik Petersens werden aber bewußt oder unbewußt an zahlreichen Schulen verwirklicht, und in pädagogischen Examina ist „Petersen und der Jena-Plan" ein beliebtes Thema. „Diese Konzeption ist so einleuchtend. Sie stellt den pädagogischen Auftrag der Schule in den Vordergrund. Warum wird sie und die ihr zugrunde liegende Idee nicht in größerem Umfang praktiziert?" Das sind unverbindliche Fragen, denen die Tat im allgemeinen nicht folgt. Liegt die Ursache hierfür in unserer Zeit, die anderen Trends gehorcht, als sie sich Petersen zeigten? Man behauptet: Unsere Epoche sei dadurch bestimmt, daß unter dem Deckmantel eines allgemeinen Wohlstands die geistige Ratlosigkeit schnell wachse und in rascher Folge immer neue Theorien, Ideologien und Meinungen angeboten würden. Das trifft mehr denn je auf die Pädagogik zu. Petersen dagegen fühle sich der Tradition und den überzeitlichen Aufgaben der Erziehung verpflichtet und habe aus diesem Grunde keine Verbindlichkeit mehr.

Um hierüber urteilen zu können, müssen wir

1. die *Strukturelemente der Pädagogik Petersens* noch einmal kurz zusammenfassen, und
2. die *Grundrichtung der pädagogischen Entwicklung* unserer Zeit aufzeigen.

Zu 1.: Hans Mieskes und danach *Heinrich Döpp-Vorwald* bezeichneten die Strukturelemente der Pädagogik Petersens mit dem Begriff der „Pädagogischen Minima". (Vgl. 24b; 26c) Aus unserer Sicht handelt es sich um folgende Grundeinsichten und Tatbestände:

Die *Pädagogik Petersens* ruht wie jede Pädagogik, die sich die Aufgabe stellt, dem fehlbaren Menschen einen Halt zu bieten, auf einem *Menschenbild* und einem *Menschenverständnis*. Petersen selbst hat es als *realistisch* bezeichnet. Der *Mensch* und nicht die Sache steht im Mittelpunkt seiner Pädagogik. Insofern können wir von der *Auto-*

84

nomie des Pädagogischen sprechen. Aufgrund dieses Prinzips ist die *Schule vom Pädagogischen her normiert* und strebt wie alle Erziehung die *Humanisierung* des Menschen an. Diese Aufgabe kann aber erst dann wahrgenommen werden, wenn sich die Menschen (Schüler) als Mit-Menschen begegnen können. Daher steht die *Gemeinschaft* als Gruppengemeinschaft (Stammgruppe) und als *Schulgemeinde* im Mittelpunkt des *Schullebens.* Wenn Petersen die Gemeinschaftserziehung als Hauptaufgabe der Schule betrachtet, dann meint er damit nicht, eine vordergründige Harmonisierung der Menschen (Schüler) erreichen zu können. Petersen wußte aufgrund seiner Erfahrungen, die sein realistisches Menschenverständnis mitbestimmt haben, zu genau, daß jede Gemeinschaft jederzeit von Konflikten erschüttert werden kann und wird. Der Konflikt gehört zum Menschsein — auch in der Schule. Das heißt aber nicht, den Konflikt als Grundelement zu betrachten, der alles pädagogische Denken und Handeln bestimmt. Geht man wie Petersen vom Grundsatz des „Primats der Erziehung" in der Schule aus, dann folgt daraus, daß das Gemeinschaftsverhalten und die Du-Bezogenheit des Menschen gelebt und geübt werden müssen. Daher ist Petersens Pädagogik keine Konflikt-, sondern eine *Gemeinschaftspädagogik.* Im Rahmen der Gemeinschaft wird zugleich für die *Bildung* des Menschen gesorgt, und zwar im Sinne der *Entfaltung* der im Menschen angelegten Kräfte sowie der *Formwerdung* des Menschen durch Aufnahme und Verarbeitung der Kultur. Aber diese so gesehene *Bildung ist eingeordnet in die erzieherische Aufgabe,* die dominant ist.

Auf der Grundlage dieser Auffassung von Mensch, Welt und Pädagogik ist das *Modell einer Schule* entstanden, das die genannten Grundzüge und -prinzipien schulpädagogisch verwirklicht. Die Jena-Plan-Schule unterstellt sich „*der Idee der Erziehung*". Als solche ist sie *Gemeinschaftsschule* mit einem Gruppenleben in *Stammgruppen,* in denen Schüler verschiedenen Alters zusammen arbeiten und lernen. Die straffer geführten *Kurse* sorgen besonders für die *Leistung.* Erziehung und Bildung stehen innerhalb des Schullebens in einer fruchtbaren Spannung, ebenso das Arbeiten und Lernen in den Stammgruppen und Kursen. Die unterschiedlich strukturierten „pädagogischen Situationen" wie Gruppenarbeit, Kurse, Kreis ergänzen sich und entbinden alle Kräfte der Schüler.

Die genannten Strukturelemente bilden ein Ganzes. Sie sind organisatorisch in einer *durchlässigen, horizontal aufgebauten Schule* miteinander verbunden. Der *Wochenarbeitsplan* bietet jedem Schüler die

Möglichkeit, nach seinem individuellen Arbeitsrhythmus tätig zu sein und voranzukommen.

Zu 2.: Die Grundrichtung der pädagogischen Entwicklung unserer Zeit kann man mit dem Begriff der *Entpädagogisierung* umschreiben. Im Gegensatz zur Grundforderung Petersens, „Schule und Unterricht unter die Idee der Erziehung" zu stellen, stehen wir gegenwärtig in einem Prozeß, in dem das Lernen im Sinne bloßer Informationsaufnahme und die Leistungssteigerung dominieren. Diese Entpädagogisierung zeigt sich u. a. in folgenden Tatsachen, die in sich keineswegs bündig sind:

1. Der *Lehrer* im überlieferten Sinne gilt als „Agent der Entfremdung" des Kindes (Th. Adorno). Er zwängt die einmalige Erscheinung des Kindes in die Ordnungen und Leistungsanforderungen der „Leistungsgesellschaft", die den Bedürfnissen des Kindes jedoch nicht entsprechen. (50; 86) Um die ‚rechten' Bedürfnisse zu erfüllen, hat der ‚neue' Lehrer lediglich die Informationen zu vermitteln, die der Schüler verlangt. Der Lehrer ist von dieser Aufgabenstellung aus betrachtet „Sozial-" oder „Unterrichtsingenieur". (58; 25) Der „pädagogische Bezug", der sich in der verantwortlichen Tätigkeit eines reiferen Menschen ausdrückt, einen noch Unreifen auf der Grundlage der Liebe und Ehrfurcht zu gelebten und verlebendigten Werthaltungen hinzuführen, wird als „mythologisch" verklärtes Phänomen betrachtet, dem in Schule und Unterricht keine Bedeutung beizumessen sei. Denn der Lehrer hat nicht erzieherisch zu wirken, sondern „er ist gewissermaßen die elektronisch abrufbare Kapazität, der ‚schnelle Brüter', der eben, weil er Pädoexperte ist, die typischen Lernschwierigkeiten kennt und daher helfen kann". (58; 32) Er hat also lediglich die Aufgabe, Lernschwierigkeiten aus kühler Distanz zu beheben und die Wissensvermittlung völlig neutral vorzunehmen. Er darf mithin auch keine Autorität verkörpern wollen. Als wichtigste Aufgabe gilt für den Lehrer die Lösung der Frage: „Wie (können) immer mehr und umfassendere Informationen mit immer geringerem Aufwand effektiv vermittelt werden . . , und zwar ohne tieferen Anspruch auf ‚bildende' Wirkung, sondern allein aus der Notwendigkeit kultureller Partizipation und gesellschaftlicher Kommunikation." (59)

2. Der *Schüler* gilt als „Adressat", der die Informationen des Lehrers oder mechanisch-technischer Apparaturen „empfängt" und selbständig verarbeitet, sofern sie in „kleinste Schritte" zerlegt und dadurch dem Schüler verständlich gemacht sind. Der Lehrer hat also nur — wie oben schon gesagt — Informationen zu übermitteln bzw. Informa-

tionsrückstände zu schließen. Aufgrund der Fähigkeit zur Selbststeuerung und Selbstregulierung, der jeder Schüler für mächtig befunden wird, findet er seinen Weg selbst. Dieser Weg führt ihn aus der Abhängigkeit heraus und zu immer höheren Stufen der Mündigkeit hin. Der hier zugrunde liegende emanzipatorische Prozeß, der durch die Freigabe der Selbststeuerung in Gang gebracht wird und durch keine repressive Maßnahmen gehemmt werden darf, trägt dazu bei, die „Ich-Stärke" und das „kritische Bewußtsein" zu entwickeln sowie den „ideologischen Schleier des bestehenden Repressions- und Manipulationssystems" zu druchbrechen und „gesellschaftsverändernd" zu wirken. (58; 149/150)

3. Der *Unterricht* hat mit Erziehung, „pädagogischem Bezug", „dialogischem Verhältnis" (M. Buber) oder gar mit Führungsaufgaben nichts zu tun. Das widerspricht seiner emanzipatorischen Aufgabe, die er im Lernprozeß hat. Er darf lediglich Informationen aus verschiedenen, gesellschaftsrelevanten Wissensgebieten bereitstellen, denen der Schüler eine Lernbereitschaft entgegenbringt; keinesfalls darf er überlieferte Normenkonzeptionen kritisch übermitteln, noch dafür sorgen, daß sie gelebt werden.

4. Die *Schule* versteht sich primär als Institution der Gesellschaft, wobei vielfach eine spezifische Gesellschaft gemeint ist, nämlich entweder die „Leistungsgesellschaft", die weitgehend abgelehnt wird, oder die Gesellschaft, die frei von ökonomischen Zwängen ist und den „Lustgewinn" zum obersten Prinzip erhebt.

Ist die Schule dennoch auf die Leistungsgesellschaft hin orientiert, dann wird empfohlen, das Lernen und die Leistungen einseitig auf die außerschulische Gesellschaft hin auszurichten. Damit die Schüler später auch tatsächlich Erfolg in der „Leistungsgesellschaft" haben, werden sie zu immer höheren Leistungen angespornt. Um diesen Forderungen genügend Nachdruck zu geben, wendet die Schule repressive Maßnahmen in Form des Zensuren- und Versetzungssystems an. Die „demokratische Leistungsschule" in der organisatorischen Form der „integrierten Gesamtschule" wird als das optimale Modell der Begabungsförderung der Schüler angesehen. Von den Schülern wird das höchste Maß an Leistungsbereitschaft erwartet. Durch Leistungsdifferenzierung sorgt die Schule für Auslese und Förderung zugleich. Wird die Schule dagegen auf das Konzept einer „neuen" Gesellschaft hin entworfen, dann spielen Leistungsdruck und Repressionen zwar keine Rolle, desto mehr aber der politische Dogmatismus. In beiden Fällen wird das wisenschaftliche Bewußtsein der Pädagogik, nämlich der Erziehung des Menschen als Person und als gesellschaftliches Wesen zu dienen, gesellschaftlichen Ansprüchen und Ideologien untergeordnet.

Vergleicht man die hier aufgezeigten Trends mit den Strukturelementen der Pädagogik Petersens, dann ergibt sich

1. daß die Schule der Gegenwart durch eine Reihe *einseitiger Prinzipien* strukturiert ist oder werden soll, und daß sie
2. von einem *reduzierten Menschenbild* ausgeht.

Zu 1.: Das pädagogische Denken und Handeln wird dadurch blockiert, daß immer nur eine Dimension des mehrdimensionalen pädagogischen Feldes als richtig anerkannt wird. Der *Lehrer* ist „Unterrichtsingenieur", der *Schüler* „Adressat". Das *Erziehungsziel* heißt „Emanzipation" und „Selbstverwirklichung". Der *Unterricht* wird als „Medium der Information" betrachtet. Die *Schule* ist „Institution der bestehenden oder einer zukünftigen Gesellschaft", kurz gesagt: „demokratische Leistungsschule". Selten wird anerkannt, daß die Gegenposition ebenfalls Gültigkeit besitzt, nämlich daß der Lehrer auch heute noch und besonders in der Gegenwart *Erzieher* ist und sein muß, daß der Schüler als Heranwachsender der *Hilfe und Führung* bedarf, daß Mündigkeit nur über *Unmündigkeit* erreicht werden kann, daß der Unterricht ein Entscheidungsfeld für *Gewissensbildung* sein muß und daß die Schule als gesellschaftliche Institution der *vollen Entwicklung des Menschen und seiner Personalisation* zu dienen hat. Das pädagogische Denken gerät durch die oben genannten Einseitigkeiten in einen Sog falscher Perspektiven, die den Blick auf die Wirklichkeit verstellen. Es wird vorgetäuscht, daß man nur *eine* Wahl habe.

Zu 2.: Die Einseitigkeit und auch Vereinfachung pädagogischer Theorienbildung, die durch den Glauben an die volle Planbarkeit und rationale Beherrschung pädagogischer Prozesse verstärkt wird, machen nun weiter deutlich, daß heute in der Pädagogik die Tendenz besteht, sich mit einem *reduzierten Menschenbild* zufrieden zu geben. Wenn man bedenkt, was Kulturanthropologen der letzten Generation wie *M. Scheler, A. Gehlen, A. Portmann, M. Landmann* u. a. m. über den Menschen gelehrt haben, nämlich ihn als „weltoffenes" und im letzten Grunde „unbekanntes" Wesen zu verstehen, dann folgt daraus, daß es pädagogisch unzulässig und unverantwortlich ist, den Menschen eindimensional zu betrachten, zu „verplanen" und ihn als ein

Objekt zu behandeln, dem ein bestimmtes „Kulturverhalten" 'angepaßt' werden soll. Nach der Auffassung der behavioristischen Psychologie ist der Mensch 'machbar', also ein Manipulandus, den man wie die Taube „konditionieren" kann. (66) Gleiches gilt für die Erziehungsauffassung des Neomarxismus. Zwar wird hier das Moment der Selbststeuerung des Menschen, also auch des Schülers, besonders betont. Da die Selbststeuerung jedoch vom determinierten Geschichtsprozeß abhängig ist, der sich mit Notwendigkeit auf die klassenlose Gesellschaft hinbewegt, beruht die Möglichkeit der Selbststeuerung auf einer Täuschung: Selbststeuerung ist von vornherein durch die Ideologie programmiert.

Demgegenüber ging die Pädagogik bisher von der Auffassung aus, daß die Anerkennung des Subjektseins des Menschen die Grundvoraussetzung für ein pädagogisches Verhältnis und damit auch für jede pädagogische Maßnahme bildet. Die namhaften Vertreter der Pädagogik von *Platon* über *Pestalozzi* bis hin zu *H. Nohl, E. Spranger, W. Flitner* und *P. Petersen* verwahrten sich mit aller Entschiedenheit dagegen, den Menschen als Objekt zu behandeln. Das erzieherische Verhältnis — das Grundphänomen, in dem alle erzieherischen Bemühungen ihren Ursprung haben — schließt ein Über- und Unterordnungsverhältnis aus. Die Partner dieses Verhältnisses sind als Erwachsene und als Heranwachsende von ihrem menschlichen Anspruch aus gesehen völlig gleichrangig. Daher konnte *M. Buber* das erzieherische Verhältnis als „ein rein dialogisches" deuten. (54b; 39) Der Mensch erfährt sein Wesen nur dort wahrhaft, wo er eine Beziehung zum „Du" eingegangen ist. Die Ich-Du-Beziehung ist daher das tragende Phänomen der erzieherischen und darüber hinaus der menschlichen Wirklichkeit. In diesem Sinne kann M. Buber weiter sagen: „Mein Du wirkt an mir, wie ich an ihm wirke." (54a; 19) Es ist nicht notwendig, des Näheren darzustellen, daß die Gemeinschaftspädagogik Peter Petersens und die Praxis der Jena-Plan-Schule, die im Sinne Pestalozzis „Menschenschule" sein wollte, in dieser Tradition des pädagogischen Denkens ruht. „Wir haben unser Sein vom anderen her", heißt es bei Petersen. (1937; vgl. 18; 122)

Gegenüber Traditionen ist man heute nicht zu Unrecht skeptisch. Wenn man aber ausschließlich dem Fortschritt huldigt, dann ist man vor Einseitigkeiten nicht geschützt. Der Fortschritt wird heute von den oben genannten beiden Richtungen vertreten, die mannigfache Beziehungen miteinander haben. So glaubt die Verhaltenspsychologie, mit Hilfe einer „durchgreifenden erzieherischen Technologie" (66; 5) menschliche Verhaltensweisen aufbauen und festlegen zu können, die zu einem zufriedeneren und glücklicheren Leben führen. Und die „kritische Theorie der Gesellschaft und der Erziehung" (vgl. 50, 51 u. 58) meint, von der „ideologiekritischen" Beurteilung der spätkapitalistischen Gesellschaft aus „zum Entwurf einer vernünftigeren Gesellschaft" zu gelangen, die aufgrund des determinierten Geschichtsprozesses mit absoluter Notwendigkeit kommen wird. Sie sichert dem Menschen seine Selbstbestimmung in ökonomischer und politischer Hinsicht, und zwar ein für allemal. Diesen Glauben, daß der Mensch und die Welt weder jemals in Ordnung kommen könnten, noch daß sie es zu einer früheren Zeit waren, hat schon Tocqueville 1835 in seiner Einleitung zur „Demokratie in Amerika" in Frage gestellt:

> „Waren denn alle Jahrhunderte wie das unsere? Hat der Mensch immer, wie in unseren Tagen, eine Welt um sich gehabt, in der sich nichts recht ineinanderfügt, in der es der Tugend an Geistesgröße fehlt, dem großen Geist an Ehrgefühl; in der das Gewissen nur mit trübem Licht die menschlichen Handlungen erleuchtet...; in der nichts mehr verboten noch erlaubt, noch ehrbar noch schädlich, noch wahr noch falsch erscheint?"

Die Vorstellung einer konfliktlosen Gesellschaft oder einer harmonischen Zeit ist ein Traum und wird es bleiben, so lange der fehlbare Mensch auf dieser Erde lebt.
Die genannten Richtungen verfolgen letzten Endes die gleiche Zielstellung, nämlich das Verhalten des Menschen auf ein bestimmtes Bild vom Menschen auszurichten. Ist das aber nicht die Absicht jeder Pädagogik? Muß nicht jede Pädagogik darauf bedacht sein, den Menschen auf ein gesellschaftlich bedingtes Bild vom Menschen zu erziehen oder zu prägen? Wo liegen die Unterschiede? Die Beantwortung dieser Frage macht zugleich den Abstand deutlich, der zwischen der Pädagogik Petersens und jenen Richtungen besteht, die heute das pädagogische Denken und Handeln weiter Kreise zu bestimmen versuchen.
Beide Richtungen wollen sowohl mit Hilfe der kritischen Reflexion, die sich allerdings nur im Rahmen eines geschlossenen Systems bewegen darf, als auch behavioristischer Methoden, wie vor allem der Verstärkung und Belohnung auf der einen, der Bestrafung auf der anderen Seite, gewünschte Verhaltensweisen erzeugen. Selbstverständlich wird erwartet, daß dieses Verhalten „systemkonform" erfolgt. Da das Verhalten ähnlich wie im Tierexperiment auf der Basis der Reiz-

Reaktions-Methode erzielt wird, drückt man den Menschen auf die Stufe tierischen Seins herab. Damit aber wird der Mensch, wie wir oben schon sagten, *reduziert*, und zwar auf einen Organismus, der nur auf Außenweltbedingungen hin reagiert. Dieses Modell, radikal zu Ende gedacht, läuft darauf hinaus, den Menschen „in eine gut trainierte Ratte in der Skinnerkiste zu verwandeln" (52; 22) oder sein Denken als bloße Widerspiegelung der Wirklichkeit zu betrachten, d. h. als Reflex- und Reaktionswesen zu deuten, wie das Marx, Engels, Pawlow und Lenin getan haben. (Vgl. 55a; 299 ff.)

Es soll nicht bestritten werden, daß das Verhalten des Menschen in der angedeuteten Weise festgelegt oder konditioniert werden kann. Das individuelle Dasein wird dann allerdings in die Ordnungen eines geschlossenen Systems gezwängt. Es gibt eine ganze Anzahl bedeutender Wisenschaftler, die in solchen Ordnungen eine Möglichkeit sehen, den Menschen aus seiner wesensmäßigen Unfestgelegtheit zu „erlösen" und „festzulegen". Damit würde jedes menschliche Scheitern auf ein Minimum reduziert, wenn nicht gar ausgeschlossen. *B. F. Skinner* ist z. B. fest davon überzeugt, daß die weiter auszubauende „Verhaltenstechnologie" das „tiefgreifende Ungenügen in unserer gegenwärtigen Kultur" überwindet und die Voraussetzungen für ein zufriedeneres und glücklicheres Leben der menschlichen Gesellschaft schafft: „Das Ungenügen muß überwunden werden, und dafür ist Vertrauen in gewisse technische Fähigkeiten (gemeint ist die „Technologie der Verhaltenssteuerung"; d. Verf.), die noch nicht weit genug verbreitet sind, notwendig." (66; 67) Im Grunde genommen handelt es sich hier wie dort um Erziehungspraktiken autoritärer Systeme. Auf sie treffen die Worte von Karl Jaspers zu:

> „In der totalitären Welt wird auch die Erziehung total geplant, daher bis ins Kleinste geregelt, nivelliert und erzwungen ... Die Totalitären wissen, wie sie es machen wollen. Sie organisieren die Erziehung wie maschinelle Apparatur nach wissenschaftlich-technischen, insbesonders psychologischen Gesichtspunkten." (61c; 217)

Damit wird die Erziehung reduziert auf bloße „Herrichtung".

Aber: Steht dann noch der Mensch vor uns, wie er geschichtlich geworden ist und als geschichtliches Wesen Geschichte bestehen muß? Handelt es sich noch um den Menschen, der trotz aller Beschränkung eine Handlungsfreiheit besitzt und besitzen muß, um menschliche Sittlichkeit zu leben und sich darin zu bewähren? Ist das noch der Mensch, der niemals abgeschlossen und niemals fertig ist, der sich im ständigen Ringen dem Allgemeinen und Unveränderlichen verpflichtet weiß: dem Humanum? Dieses Humanum, an das sich der Mensch des abendländisch-christlichen Kulturkreises gebunden fühlt, obwohl er in der realen Not und Unzulänglichkeit des menschlichen Lebens immer wieder dagegen verstößt und schuldig wird — dieses Humanum kann man sich nicht auf die Weise einverleiben, wie man sich wissenschaftliche Sachverhalte aneignet. Weil das so ist, muß der Mensch erzogen werden. Erziehung ist das Phänomen, das den Menschen zum Menschen macht und das ihn immer wieder auf die Werte der Sittlichkeit verpflichtet — auch oder besonders im Raume der Schule. Und es bleibt wahr, was Kierkegaard im Epilog von „Furcht und Zittern" schrieb:

„Das eigentlich Humane lernt keine Generation von der vorhergehenden. In dieser Hinsicht beginnt jedes Geschlecht primitiv, hat keine andere Aufgabe als jedes vorhergehende Geschlecht, kommt auch nicht weiter als irgend eines, das nicht seiner Aufgabe untreu wurde und sich selbst betrog. Dieses eigentlich Humane ist die Leidenschaft, in der das eine Geschlecht auch vollkommen das andere Geschlecht und sich selbst versteht." (62)

In diesem Denken wurzelt die Pädagogik Petersens wie jede Pädagogik, der es um die Sittlichkeit des fehlbaren Wesens Mensch zu tun ist. Das Kind, der Schüler, der Erwachsene müssen im Zusammenleben und in der Fürsorge für sich und andere die „Kräfte des Guten" ständig zu verwirklichen und zu üben suchen. In diesem Sinne beschließt Petersen den 3. Band seiner „Allgemeinen Erziehungswissenschaft — Der Mensch in der Erziehungswirklichkeit", und zwar im Anschluß an das oben stehende Kierkegaard-Zitat:

„Im Ringen um das Humane, um seine Aufnahme in unseren Willen, um seine Darstellung im persönlichen Leben gewinnt jeder einzelne wie jedes neue Geschlecht die Verbindung mit allen voraufgegangenen Zeiten. In diesem Bemühen werden wir mit allen Menschen vor uns einig, verstehen sie bis in die Tiefe *ihrer* Gesinnung hinein und erfassen uns als brüderlich verwandt mit ihnen, als Menschen unter gleichem Schicksal, vor gleichen Aufgaben, mit den nämlichen sittlichen Pflichten, unter denselben Gefahren, zu fallen oder zu siegen. So ergreifen wir Ewiges im Flusse des Werdens, das Allgemeine inmitten des sich unaufhörlich wandelnden Daseins. Je mehr ein Mensch während seines Lebens vom Ewigen, vom Humanen in seinen Handlungen verwirklichen und sich zum Besitz machen kann, je kraftvoller er das in Kämpfen Gewonnene zu seiner Gesinnung erhebt und festzuhalten vermag, desto näher rückt er dem Reich der Humanität und darf hoffen, darin Bürgerrecht zu erwerben." (247)

Das allgemein Menschliche im Flusse der gesellschaftlichen Veränderungen zu erfassen, beides miteinander zu verbinden und aus der Gesinnung der Humanität zu leben — das war der Auftrag, den Petersen der Pädagogik stellte, und der Sinn, dem die Jena-Plan-Schule in ihrer Arbeit folgte. *So gesehen stellt diese Pädagogik eine Herausforderung an unsere Zeit dar. Sie ruft zur Besinnung auf die eigentlichen Aufgaben der Erziehung auf.* Die Pädagogik ist heute in der Gefahr, gegenüber den menschenbildenden Aufgaben zu versagen, weil sie ihrer Arbeit das Bild des „reduzierten" oder „Teil-Menschen" zugrundelegt. Petersen hat demgegenüber zeit seines Lebens immer wieder deutlich zu machen versucht, daß der Mensch unter die Erziehung gestellt ist, und das betrifft den Menschen als geistig-sittliches Wesen, d. h., es betrifft ihn in seiner Totalität. Die Schule als Institution der Gesellschaft hat sich primär in den Dienst der Menschwerdung des Menschen zu stellen.

Literaturverzeichnis (Auswahl):

A. Schriften P. Petersens

(Gesamtverzeichnis des 257 Titel umfassenden Schrifttums von P. Petersen sowie der von Petersen herausgegebenen Schriftenreihen in: Jena-Plan — Anruf und Antwort, Gedenkschrift für Peter Petersen, hrsg. von Hans Mieskes, Oberursel 1965, S. 322—360; vgl. auch W. Kosse, Nr. 34a und b)

1. Der Entwicklungsgedanke in der Philosophie Wundts. Zugleich ein Beitrag zur Methode der Kulturgeschichte, Jenaer Diss. 1908 — Heft 9 der Reihe: Beiträge zur Kultur- und Universalgeschichte, hrsg. von K. Lamprecht, Leipzig 1908
2. Geschichte der Aristotelischen Philosophie im protestantischen Deutschland, Von Luther bis Hegel, Hamburger Habilitationsschrift 1920 — Leipzig 1921
3. Allgemeine Erziehungswissenschaft, Berlin und Leipzig 1924, 2. Aufl. 1962
4. zus. m. Hans Wolff, Eine Grundschule nach den Grundsätzen der Arbeits- und Lebensgemeinschaftsschule, Weimar 1925

5. Innere Schulreform und Neue Erziehung, Gesammelte Reden und Aufsätze, Weimar 1925 (enthält u. a. die Jenaer Antrittsvorlesung: Der Bildungsweg des neuen Erziehers auf der Hochschule, sowie die Darstellung des Hamburger Schulversuchs: An der Lichtwark-Schule in Hamburg-Winterhude, S. 165—229)

6. Wilhelm Wundt und seine Zeit, Stuttgart 1925

7. Erziehung und Führung, Ein Grundproblem der allgemeinen Erziehungswissenschaft, in: Mainzer Abhandlungen zur Philosophie und Pädagogik, hrsg. von E. Feldmann, Karlsruhe 1926

8. Die Neueuropäische Erziehungsbewegung, Weimar 1926

9. Zur erziehungswissenschaftlichen Begründung des neuen Schullebens, in: Vladimir J. Spasitsch, Die Lehrerfrage in der Neuen Schule, Weimar 1927

10. Der Jena-Plan einer freien allgemeinen Volksschule, Der sog. Kleine Jena-Plan, 1. Aufl. 1927 (41 S.), 32./33. Aufl. 1963 (74 S.) — (Zitate nach der 7./8. Aufl. 1936)

11. Mitteilungen der Erziehungswissenschaftlichen Anstalt der Thüringer Landesuniversität Jena, Hrsg. von P. Petersen, Heft 1—5, Weimar 1925—1929

12. Die Philosophie in erziehungswissenschaftlicher Beleuchtung, Weimar 1929. 2. Aufl. 1930 (im Text zitiert nach der 1. Auflage)

13. Schulleben und Unterricht einer freien allgemeinen Volksschule nach den Grundsätzen Neuer Erziehung (Der sog. „Große Jena-Plan", Bd. 1), Weimar 1930

14. Das gestaltende Schaffen im Schulversuch der Jenaer Universitätsschule (Der sog. „Große Jenaplan", Bd. 2), Weimar 1930

15. Der Ursprung der Pädagogik (Bd. 2 der Allgem. Erziehungswissenschaft, vgl. Nr. 3), Berlin und Leipzig 1931

16. Pädagogik, Berlin 1932, 2. Aufl. 1937: Pädagogik der Gegenwart (im Text zitiert nach der 2. Aufl.)

17. Die Praxis der Schulen nach dem Jena-Plan (Der sog. „Große Jena-Plan", Bd. 3), Weimar 1934 (enthält u. a.: Pädagogische Grundfragen des Jena-Plans, S. 1—20, Das gruppenunterrichtliche Verfahren: Die Stufen des Gruppenunterrichts, S. 71—92)

18. Führungslehre des Unterrichts, Langensalza 1937, 10. Aufl. Weinheim 1971 (im Text zitiert nach 3. Aufl. 1951)

19. Friedrich Fröbel, Deutschlands größter Erzieher, Gotha 1942

20. Eigenständige (Autonome) Erziehungswissenschaft und Jena-Plan im Dienste der Pädagogischen Tatsachenforschung und der Lehrerbildung, München 1951

21. E. Müller-Petersen, Kleine Anleitung zur Pädagogischen Tatsachenforschung, Marburg/Lahn 1951
22. Der Mensch in der Erziehungswirklichkeit (Bd. 3 der Allgemeinen Erziehungswissenschaft, vgl. Nr. 3 und 15), hrsg. von Else Petersen, Mühlheim/Ruhr 1954
23. zus. mit Else Petersen, Erich Wolfrum u. a., Gruppenarbeit nach dem Jena-Plan, München 1958
24. zus. mit Else Petersen, Die pädagogische Tatsachenforschung, hrsg. von Th. Rutt, Paderborn 1965

B. Sekundärliteratur (Auswahl)

25. W. Schneider, Unterrichtsführung im gruppenunterrichtlichen Verfahren, Weimar 1936
26. E. Apelt, Meine Arbeit mit den Arbeitsmitteln in der Untergruppe der Jenaer Universitätsschule, München 1950
27. E. Petersen, Grundbegriffe des Jena-Plans, in: Leb. Schule, 1955, S. 575
28a H. Mieskes, Schulwirklichkeit und Menschwerdung, Innere und äußere Schulreform in Theorie und Praxis, München 1956
   b H. Mieskes, Jena-Plan und Schulreform, Oberursel/T. 1966 (mit umfangreicher Bibl., bes. der Sekundärliteratur)
   c H. Mieskes, Pädagogik des Fortschritts — Das System der sowjetzonalen Pädagogik, München 1960
29. F. Schäfer, Versuchsschularbeit nach dem Jena-Plan, in: Unser Weg (Graz — Wien), 1957, S. 624
30. R. Maskus, Peter Petersens Gemeinschaftsbegriff und seine erziehungswissenschaftliche Bedeutung, Diss. Münster 1958
31a H. Döpp-Vorwald, Die Erziehungslehre Peter Petersens, Ratingen 1962, 2. erw. Aufl. 1969
   b H. Döpp-Vorwald, P. Petersen, Ein Thüringer Erzieher, hrsg. von G. Franz, Köln-Graz 1966, S. 365—412
   c H. Döpp-Vorwald, Petersen-Minima, Die Grundgedanken der Erziehungslehre Peter Petersens, in: Ganzheitliche Bildung, 18. Jg., 1967, S. 409—415
32. W. Popp, Das Verhältnis von Gemeinschaft und Erziehung bei Peter Petersen als Grundlage einer Pädagogik des Unterrichts, in: Pädagogische Rundschau 1962, S. 939
33. G. Slotta, Die pädagogische Tatsachenforschung Peter und Else Petersens, Weinheim/Bergstr. 1962

34a W. Kosse, P. P. und sein Werk, in: Pädagogische Rundschau, 1963, S. 697—704

b W. Kosse, Das Schrifttum P. P.'s, in: ebd., S. 565—590

c W. Kosse, Erziehung als Sinnverwirklichung — Untersuchungen zur Erziehungsmetaphysik P. P.'s, Diss. Münster 1964, als Buch Oberursel/T. 1967

35. E. Wolfrum, Pädagogische Tatsachenforschung im spracherzieherischen Feld. Im Gedenken an Peter Petersen. In: Die Deutsche Schule, 1963, S. 15—25

36. W. Krick, Die Zukunft des Jena-Plans, in: Ganzheitliche Bildung, 1964, S. 161—176

37. Fr. Roth, Sind die Gedanken P. P.'s heute noch lebendig? in: Ganzheitliche Bildung, 1964, S. 177—187

38. H. Mieskes (Hrsg.), Jena-Plan — Anruf und Antwort, Oberursel 1965

39. H. Ruppert, Sinn und Funktion der Kurse im Jena-Plan, in: Nr. 38, S. 118—136

40. Th. Rutt, P. P.'s Bedeutung für das Erziehungswesen und die Erziehungswissenschaft, in: Pädagogik und Schule in Ost und West, 1969, S. 38—45

C. Eigene Arbeiten zur Pädagogik Peter Petersens

41. Der Jena-Plan als Ausgangsbasis einer demokratischen Schulerziehung, in: Schola, 1948, S. 649—663

42. Erziehung zur Humanität nach dem Jena-Plan, in: Bildung und Erziehung, 1949, S. 752—765

43. „Erziehender Unterricht" oder „Unterricht unter der Idee der Erziehung", in: Allgem. Dt. Lehrerzeitung, 1950, S. 274—276

44. Leistungssteigerung durch situationsgebundenen Unterricht, in: Schola, 1951, S. 84—92

45. Peter Petersen — Leben und Werk, in: Lebendige Schule, 1952, S. 460—471

46. Der Beitrag Peter Petersens zur „Weltbewegung neue Erziehung" in: Pädagogische Arbeitsblätter, 1954, S. 121—129

47. Mein Lehrer Peter Petersen, in: Lebendige Schule, 1964, S. 225 bis 233

48. Peter Petersen entwickelte aus den Gedanken der Reformpädagogik seine Schulkonzeption: den Jenaplan; in: Theo Dietrich, Ge-

schichte der Pädagogik, 18.–20. Jh., Bad Heilbrunn 1970, S. 253
bis 263
49. Die Berufsvorbereitung des Lehrers durch das Studium der Erziehungswissenschaft, in: Nr. 31, S. 67–82

D. Weitere Literatur

50. Th. Adorno, Erziehung zur Mündigkeit, Frankfurt a. M. 1970
51. Joh. Beck u. a., Erziehung in der Klassengesellschaft, München 1970
52. L. v. Bertalanffy, . . . aber vom Menschen wissen wir nichts, Düsseldorf — Wien 1970
53. Berichte über die Pädagogischen Hochschultage, 1952–1972, Verlag Julius Beltz, Weinheim/Bergstr.
54a M. Buber, Schriften über das dialogische Prinzip, Heidelberg 1954
  b M. Buber, Reden über Erziehung, Heidelberg 1956
55a Th. Dietrich, Sozialistische Pädagogik — Ideologie ohne Wirklichkeit, Bad Heilbrunn 1966
  b Th. Dietrich, Der Unterrichtsbesuch als Grundlage des erziehungswissenschaftlichen Studiums, in: Lebendige Schule 1957, S. 72 bis 86
  c Th. Dietrich, Die Praxis als Motivationsfeld wissenschaftlicher Studien in der Pädagogik, in: Zeitschr. f. Päd., 8. Beiheft, 1969, S. 197–209
  d Th. Dietrich, Einführung in die Erziehungswissenschaft auf empirisch-pragmatischer Grundlage, in: Der Aufbau der erziehungswissenschaftlichen Studien und der Lehrerberuf, hrsg. von Scheuerl u. Bokelmann, Heidelberg 1970, S. 176–190
56. J. G. Fichte, Die Bestimmung des Menschen, 1800, hrsg. von M. Kronenberg, Stuttgart 1922
57. A. Fischer, Leben und Werk, Bd. 1–6, hrsg. von A. Kreitmair, München 1950
58. H. J. Gamm, Kritische Schule, München 1970
59. D. Harmann, Warum eigentlich Haupt- und Nebenfächer? Überlegungen zur Struktur unserer Lehrpläne, in: Westermanns Pädagogische Beiträge, 6/1970, S. 289
60a N. Hartmann, Das Problem des geistigen Seins, 1933, 2. Auflage 1949
  b N. Hartmann, Der Aufbau der realen Welt, 1940

61a K. Jaspers, Die geistige Situation unserer Zeit, 1931

b K. Jaspers, Philosophie, 3 Bde, 1932

c K. Jaspers, Menschenbildung und Daseinsgestaltung, in: H. Röhrs, Bildungsphilosophie, 2. Bd., Frankfurt a. M. 1968

62. S. Kierkegaard, Furcht und Zittern (1843), neu hrsg. von Fr. Großhart, Krefeld 1949

62a J. Kretschmann, Natürlicher Unterricht, Wolfenbüttel 1948

63. H. Röhrs, Allgemeine Erziehungswissenschaft, Weinheim, 2. Aufl. 1970

64. M. Scheler, Die Stellung des Menschen im Kosmos, 1928, 15. Aufl. 1947

65. A. Sickinger, Arbeitsunterricht, Einheitsschule, Mannheimer Schulsystem, 1920

66. B. F. Skinner, Futurum Zwei 1948, dt. von M. Beheim-Schwarzbach, Hamburg 1970

67. M. Stallmann, Rezension über die Schrift von Hans Mieskes, „Schulwirklichkeit und Menschwerdung" in: Bücher Ausgabe C: Pädagogik, Hrsg. von der Katalogabt. „Bücher", Düsseldorf in Verbindung mit dem Pädagogischen Verlag Schwann, Düsseldorf

Peter Petersen
Aufgaben der Pädagogik

Pädagogik ist Wissenschaft der Pädagogie, d. h. Wissenschaft von der *Führung*, von der bewußten Erziehung und der absichtlichen und planvollen Bildung der Kinder und Jugendlichen. Seit langem wird unter Pädagogik auch die Wissenschaft von der bewußten und absichtsvoll vorgehenden Erziehung und Bildung überhaupt verstanden. Da eben jedes Begriffsgefühl diesem Fremdwort gegenüber verloren gegangen ist, so wird von Volkspädagogik, Verkehrspädagogik usw. gesprochen. Die Verflachung des ursprünglichen Sinnes von Pädagogik ist damit unvermeidbar. Wer davon redet, man müsse den Menschen zur Beherrschung des modernen Verkehrs und zu einer besonderen Einordnung in ihn erziehen oder seine Kundschaft erziehen und dabei pädagogisch vorgehen und dergleichen mehr, der mißbraucht die Begriffe Erziehung und Pädagogik. Um einen solchen Gebrauch des Wortes Pädagogik zu rechtfertigen, wäre allerdings eine ganz andere Definition nötig, und Pädagogik würde zu einer „Wissenschaft des kollektiven Beeinflussens für Kulturziele"[1] mit der Aufgabe, die

Menschen so zu erziehen, daß unter ihnen ein reibungsloser Verkehr auf der Grundlage der gegenwärtigen Produktionsverhältnisse möglich werde.

Für uns bleibt Pädagogik in dem zuerst angeführten Sinne Wissenschaft der Pädagogie, und Übertragungen der Begriffe Pädagogik und pädagogisch sind nur dann zulässig, wenn der Sinn der „Führung" unverfälscht erhalten bleibt. Das ist z. B. durchaus möglich, wenn von Volkspädagogik gesprochen wird, denn damit ist stets gemeint eine Ausdehnung der Absichten und Grundsätze, der Verhaltens- und Verfahrensweisen des echten „pädagogischen Handelns" auf die höchste, die Jugend einer Nation umfassende Gemeinschaft Volk, mit den selbstverständlichen Abwandlungen, die sich daraus ergeben. In Verbindungen wie Verkehrspädagogik und Industriepädagogik kann es sich jedoch niemals um „Pädagogisches" handeln, sondern um etwas wie technische Schulung, Studium und Verwendung suggestiver Mittel, Abrichtung und Dressur, um Massenpsychologie und praktische Menschenkunde im Dienste unmittelbaren Nutzens, des Profits usw.

Pädagogik in unserem Sinne als Wissenschaft von der bewußten Erziehung und Bildung wird selber erst durch diejenige Wissenschaft begründet und geklärt, innerhalb deren sie ihren Ursprung nimmt, nämlich innerhalb der *Erziehungswissenschaft*[2]. Diese hat zum Gegenstand die gesamte Erziehungswirklichkeit, in welcher der Mensch sein ganzes Leben hindurch bis zum Grabe steht und die weit mehr in sich begreift als nur das bewußte Erziehen von Mensch zu Mensch. Erziehung ist und geschieht ebenso ursprünglich, wie das Leben und seine Funktionen sind und sich vollziehen. Das Erziehen gehört demnach zum Sein des Menschen ursprünglich und unaufhebbar; nicht als etwas, das neben diesem Sein geschieht, das ihm zugesetzt werden kann oder nicht, sondern als etwas, das im natürlichen Sein des Menschen mitgegeben ist, derart in ihm enthalten, daß das natürliche Menschsein ohne Erziehung seinen Sinn verliert. Erziehung ist demnach eine Seinsgegebenheit, und zwar eine Funktion des Seienden, der Wirklichkeit, deren unterscheidende Merkmale es festzustellen gilt.

Als Lebewesen stehen alle Menschen miteinander in einer unlöslichen, wenn auch verschieden engen *Lebensverbundenheit*. Die Urfunktion des Lebens ist die *Entwicklung*. Wo wir individuiertes Leben beobachten, dort sehen wir es sich in einer rhythmisch bewegten Entwicklung entfalten, in einem stetigen Ankämpfen gegen das in ihm treibende, alle seine Handlungen zur Erhaltung, Kräftigung, Sicherung und Förderung des Lebens bestimmende Prinzip des Todes. Es will nicht sterben; und doch weiß es, daß unvermeidlich die Stunde kommt, in welcher die Lebenskräfte in diesem Kampfe gegen den Tod unterliegen und von diesem nach und nach abgebaut werden, sofern das Lebewesen einem natürlichen Tode erliegt. In diesem Kampfe strebt das menschliche Individuum, genau wie jedes andere Lebewesen, seine *Form* zu entwickeln. Und diese stete Beziehung aller Entwicklungsvorgänge auf die im Individuum angelegte Form, sowie die Entfaltung selbst in ihrer steten Gerichtetheit auf und dem Bestimmtsein durch die Entelechie des Individuellen — das ist seine *Bildung,* das Wort genommen für den Vorgang wie für das Ergebnis des Bildens. Und dieses Bilden ist immer ein Sich-Bilden, getrieben und bestimmt durch die Entelechie. Aber diese Entwicklung des individuellen Lebens erfolgt überall in einer schicksalhaft-natürlichen Verbundenheit miteinander und mit der Natur. Darin enthüllt sich unter anderem auch jene „größte aller organischen Tatsachen, daß der eine gerade durch diese seine individuelle Entwicklung nicht mehr bloß er selbst, sondern die Bedingung für die Entwicklung des anderen wird" (L. v. Stein), ja noch mehr, es eben damit ist, daß er ein sich nur in Gemeinschaft entwickelndes Individuum ist.

Dieses Sein, von dem hier die Rede ist, ist weder im psychologischen noch im biologischen oder soziologischen Sinne zu nehmen. Es handelt sich also *nicht* darum, daß alle Menschen der Art nach dieselben seelischen Eigenschaften und Fähigkeiten besitzen, sich deswegen verständigen, sich verstehen und helfen können, nicht darum, daß die Menschen von Natur dahin streben, sich zu Verbänden und Bünden, in sozialen Formen aller Art zusammenzuschließen, um im Verein sich besser zu schützen, ihre Kräfte zu steigern und die Umwelt besser zu beherrschen. Denn dann würde für den Menschen immerhin eine Möglichkeit bestehen, sich auf *seine* seelischen Kräfte zu stellen, abgesondert von den anderen, und desgleichen sich als Individuum aus den sozialen Verbänden abzulösen, um für sich zu leben. Es handelt sich vielmehr auch bei dieser Lebensverbundenheit um etwas *ursprünglich Gesetztes,* in welchem alle psychologischen Akte und soziologischen Gebilde ihrerseits wiederum erst gründen und aus welchem sie in ihrem Sinn verstanden werden müssen. Gewiß, es besteht ohne Zweifel die Möglichkeit für das Individuum, sich innerhalb der Gesellschaft so stark auf sich zurückzuziehen, daß man das Seelenleben anderer sowie die sozialen Gruppen sich entgegensetzt, sie als

Mittel für sich, für rein individuelle Zwecke benutzt, wenngleich dies niemals restlos gelingen kann. Denn aus dem Bildungsprinzip als solchem kommen immer die am stärksten auflösenden Kräfte, die Menschen gegen Menschen stellen und die Menschengemeinschaft in ihrem Wesen und in ihrer Bestimmung bedrohen.

Die Besinnung auf diese Seinsbezogenheit des Menschen enthüllt nun aber ein Neues, eine Besonderheit, die keinem anderen Wesen, das wir kennen, eigen ist; und dieses Besondere ist die *Erziehung.* Sie ist eben dasjenige, was das Eigentümliche des Menschseins bewirkt, das, wodurch der Mensch zur Darstellung des nur ihm eigenen Wesens gelangt. Deswegen ist Erziehung auch gleich Humanisierung, das ist die geistige Durchdringung und Vollendung der menschlichen Form. Suchen wir nämlich nach dem, was den Menschen zum Menschen macht und von allen anderen Wesen abgrenzt, so finden wir es in dem, was das Geistige im Menschlichen, sein geistiges Vermögen genannt wird. Mit „Geist" bezeichnen wir den Inbegriff aller derjenigen Akte, durch welche ein Mensch sich selbst und alles Seiende in ihm und um ihn auffaßt und versteht als seiend, wertempfangend und selber wertend *aus dem Grunde alles Seienden heraus,* oder in denen er aus dem Grunde der Wirklichkeit fühlt und handelt, so daß die im eminenten Maße menschlichen (geistigen) Gefühle und Handlungen entstehen wie Güte, Liebe, Treue, Demut, Sich-Sorgen, Dienst, Kameradschaft, echtes Mitleid, Leid, Andacht, Ehrfurcht usw.[3] „Geistige Kultur" ist das, was vermittels solcher geistigen Akte außer uns gesetzt wird. Diese Leistungen des menschlichen Geistes finden in der Tierwelt keinerlei Gegenstück. Nicht nur das geistige Erfassen von Sein und seinen Beziehungen fehlt hier vollkommen, sondern ebenso alle jene geistigen Gefühle und Handlungen. Güte, Liebe, Treue, Demut, Leid, Ehrfurcht gibt es nur unter Menschen; in diesem allen offenbart sich die besondere Sphäre des Menschseins. Und um eben diese Sphäre handelt es sich stets, wenn Erziehung im echten Wortsinne gemeint ist. Es handelt sich, das sei hier noch angefügt, dabei nicht um etwas gleich oder ähnlich dem göttlichen Geiste oder um eine Funktion des Menschen, Göttliches zu erkennen.

Erziehung ist demnach eine geistige Funktion, und zwar Funktion des *tätigen* Geistes. Sie ist gleich ursprünglich wie die Entwicklung als Funktion des Lebens. Ja, der Lebensverbundenheit der Menschen miteinander dient in der neuen Erziehungsbewegung vielfach das Wort „Gemeinschaft": Jeder Mensch steht vom Ursprung her auf Gemeinschaft; das ist die mit dem Leben gesetzte und untrennbar vereinte

Seinsgegebenheit für alle Menschen. Wie die mannigfachen Akte des Lebens auch ohne Absicht und ohne Bewußtsein davon geschehen, so geschieht auch das Erziehen als geistige Einwirkung der Menschen aufeinander.

In welcher Form erfolgt innerhalb der besonderen menschlichen Sphäre diejenige Einwirkung, welche wir als erzieherische bezeichnen müssen? Denn eine Analyse jener gegebenen Seinsbezogenheit der Menschen enthüllt eine große Zahl von ersten und abgeleiteten Arten des Inbeziehungstehens zueinander und der Wechselwirkung, und diese gehen ihrerseits wiederum auf Teilzusammenhänge innerhalb des Menschseins zurück, zum Beispiel darauf, daß alles Menschsein getrennt-geschlechtlich *ist*, daß es vergänglich ist, daß es sich so und so erhalten muß, daß sich seine individuellen Formen entwickeln. Das Erziehen geschieht nun dort, wo sich die vorhin genannten geistigen Akte vollziehen, ja, die Erziehung ist es, innerhalb welcher sie erscheinen und sind. Denn kein geistiger Akt, Gefühl oder Handlung kann gelehrt oder gelernt werden, kein geistiger Akt kann entwickelt oder verbessert oder irgendwie vollkommener gemacht werden. Wo sich Güte offenbart, ist sie vollendete Güte, ob Güte Akt eines zweijährigen Kindes oder eines reifen Mannes ist. Alter, Intelligenz, weltlicher Stand, Geschlecht usw. fügen einem Akt der Güte, der Treue nichts hinzu, das diese geistigen Gefühle und Handlungen abwandele, mehr oder weniger vervollkomme. Ganz anders liegt es offenbar im Gebiet der Bildung, hier gibt es große Nuancen und Unterschiede je nach Alter, Intelligenz, Stand, Geschlecht usw. Aber das Leid, das ein Kind trägt, die Ehrfurcht, die den Mann ergreift, die Demut, welche ein Menschenkind erfüllt: alle sind im Erscheinen vollendete Darstellung dieses Geistigen im Menschen. Genau so die aufnehmenden, wertenden und verstehenden Akte, in welchen der Mensch ein teilhaft Seiendes oder ein Teilgeschehen aus dem Grunde des Seienden heraus auffaßt, sie sind jedesmal vollkommene Akte, ob sie ein Schüler oder ein Gelehrter, Mann oder Weib vollzieht, und sie können vor allen Dingen auf keine Weise gelehrt und erlernt werden. Es ist vielmehr so, daß diese Akte, Gefühle und Handlungen inmitten der geistigen Gemeinschaft, in welcher die Menschen stehen und aus der heraus sie erst Menschen sind, während der unausgesetzt sich vollziehenden erzieherischen Einwirkungen auftauchen, da sind und auch verschwinden.

Es kann aber noch genauer einsichtig gemacht werden, von welcher Art die Verbundenheit der Menschen ist, wenn Erziehung wirksam erscheint. Wo sich innerhalb dieser menschlichen Gemeinschaft das Erziehen ereignet, dort finden wir Menschen, die absichtslos für einander da sind und für einander tätig sind. Ich nenne dies den „vollendeten Dienst"; denn in diesem Dienst geschieht immer ein Handeln, das Mich und Dich, den Einzelnen und den anderen, eben durch dieses Handeln und in ihm unmittelbar zur Einheit einer dienenden Gemeinschaft verbindet. Wie kommt es zu einem solchen Dienen in der Menschenwelt? Das erklärt sich daraus, daß innerhalb der Schöpfung allein der Mensch die Fähigkeit besitzt, die drei ursprünglichen Bezugssysteme zu erschauen und zu erleben, in denen er steht und aus denen er alles Sein hat und ständig neu empfängt, nämlich die Beziehung Mensch zu Mensch, Mensch zur Natur und Mensch zu Gott.[4] Alles, was aus dem Verhältnis Mensch zu Gott an Akten und Gefühlen stammt, bildet die irgendwie jedem Menschen zukommende religiöse Sphäre. Es handelt sich für uns hier nicht um die Frage nach dem religiösen Bekenntnis; denn Erziehung geschieht überall in der Welt und ist nicht an irgendein bestimmtes Bekenntnis gebunden oder erst dadurch möglich oder darum besser. In der Sprache des religiösen Menschen wird nun mit Recht gesagt, auch Tier- und Pflanzenwelt seien Schöpfungswerk Gottes, und sie hätten damit ebenfalls Bezug auf Gott. Aber es gibt dort kein tätiges Verhalten und kein Erleben, das in dieser Beziehung gründete, wie es sich dagegen in allen Menschen findet, die nicht zum Tier geworden sind. Außerhalb des Menschen gibt es nur ein Dastehen und Dahinleben als Werk und Teil der Schöpfung, aber keine Mitwirkung zur Erhaltung der Welt und zur Durchführung der Bestimmung, die ihr gesetzt ist. Wo diese Mitwirkung schlechthin als Dienst getan und bejaht wird und absichtslos geschieht, dort ruhen das Dasein eines Menschen und sein ganzes Leben offen hingegeben in dem, worin sie gründen und aus dem sie sind. Alsdann gehen von solchen Menschen erzieherische Wirkungen aus, und er selber ist aufgeschlossen für sie; sie mögen ihm aus der Menschenwelt oder der Natur oder aus den religiösen Bindungen seines Menschentums kommen. So ist Erziehung die hohe Dienstfunktion des Geistes in der Menschengemeinschaft.

Es geht demnach nicht darum, daß man sich in Dienst setzt oder in Dienst gestellt wird, sondern alle Menschen stehen in diesem Dienst; das gehört wesenhaft mit zu ihrem Menschsein, ja, macht wesentlich dieses Sein aus. Ein jeder ist dienend dem anderen verbunden, und deswegen ist es die Idee der Bruderschaft, unter welche sich alles Erziehen ordnen läßt. Dadurch, daß sich Menschen entschließen, Erzieher zu werden, daß sie sich dem dafür erforderlichen Studium ganz hingeben, eines Tages wirklich angestellte Erzieher werden — ist noch keinerlei Sicherheit geboten, daß Erziehung durch solche Menschen geschieht. Vielmehr bleibt immer das Erste, daß solche Menschen sich auch wissen als gründend in diesem Dienst, so daß sie überhaupt auf keinem anderen Wege ihre Existenz als Mensch gewinnen können, daß diese Dienstpflicht den „Stand" eines jeden Menschen, als Menschen in natürlichem Sinne begründet. Die Menschen erfüllen darum auch jedesmal um so weniger den Sinn des Menschentums, als sie sich diesem Dienst zu entziehen suchen, dem untreu werden oder gegen das anleben wollen, wofür sie bestimmt sind. Jedesmal erfolgt alsdann ein Anheimfallen an die leibliche Sphäre des Menschen, wohl gar an das Tierisch-Sinnliche in ihm, immer ein Aufgehen in der reinen Weltlichkeit. Das ist der Ort, wo religiös gesprochen, der Mensch am Menschen, und damit auch immer an sich selber sündig wird, eben weil er sich *absondert*. Er will nicht dienen, sondern sucht das Eigene; er zieht sich zurück auf seine individuellen Kräfte und Fähigkeiten, sucht diese im Dienst des Ich zu bilden und einzusetzen. Und das führt ihn stets in eine Beziehung zum Mitmenschen, in welcher er seinem Nächsten nicht mehr nur gegenübergestellt ist, sondern ihm entgegentritt, schädlich, ja zum Feinde wird. Dann zerbricht ganz oder in Teilen die Gemeinschaft zwischen ihnen, die Möglichkeit unmittelbarer erzieherischer Wirkungen ist dahin.

Die mannigfachen individuellen Kräfte und Fähigkeiten lassen sich planvoll entwickeln und bilden. Die Grenzen ihrer Ausbildung liegen ganz allgemein in dem, was man die individuelle *Anlage* nennt. Ich kann mir vornehmen, die intellektuellen oder gymnastischen oder musikalischen Anlagen eines anderen, auch meine eigenen, systematisch nach vorbedachtem Plane zu bilden und habe dabei alle Aussichten auf Erfolg, wofern ich nur genügend Erfahrungen und eigenes methodisches Geschick besitze, sowie hinreichende Einsicht in die Mittel und Wege zum Verständnis der Anlagekräfte mir erworben habe. Kann ich, *in dem gleichen Sinne*, bewußt erziehen? Nein, nicht in dem gleichen Sinn! Denn sofort gerate ich in das Gebiet des Technischen und des Reglements. Ich kann nur gewöhnen und abrichten. Statt Treue erhalte ich dann im besten Falle Pünktlichkeit und Ordnungsliebe, statt Güte anständiges, freundliches Benehmen. Ich beginne zu belehren und abzurichten, arbeite also teils auf einem falschen Gebiete, nämlich dem des Intellekts, und bilde aus, anstatt zu erziehen, teils bewege ich mich in den Vorhöfen der Willensbildung und entwickle formale Willenskraft, ich bilde aus einer bestimmten *Haltung*, erreiche aber *nicht* die Tiefen der Gesinnung.

Wie bereits ausgeführt, kann das, was wir geistige Akte, Gefühle und Handlungen nannten, nicht gelehrt, auch nicht vervollkommnet werden, so wie ich immer vollkommener schwimmen oder eine fremde Sprache beherrschen lernen kann. Aber ist es nicht doch richtig, daß z. B. Menschen gütiger werden? Was ist denn überhaupt erfolgt, wenn sich Erziehung im reinen Sinne ereignet? Es gibt hier nur den *Anruf der Lage*, des Zustandes, der Geschehnisse und des Erlebens. Und dieser Ruf an den Menschen ergeht unmittelbar aus der Lage, aus dem Geschehen als solchem. Man sieht gleichsam, fühlt und handelt in einem. Man überlegt nicht vorher, sondern geht in die gegebene Lage als ganzer Mensch hinein und nimmt in ihr seinen Teil.

Dieses unmittelbare Dienen ist zu allen Zeiten vom Erziehungstheoretiker am vollkommensten zwischen Mutter und Kind gesehen und gepriesen worden. Nach Höhe und Kraft solcher unmittelbaren Dienstbereitschaft unterscheiden sich die Menschen im Grunde; hier finden wir, was sie am tiefsten besondert und was einen Menschen am höchsten adelt; wiederum bewirkt *diese* Besonderung niemals Gegensätzlichkeit, gar Feindschaft, und dieser Adel erstrebt niemals eine Herrschaft, obwohl er die höchste Macht ausübt.

Die recht geleitete, bewußte Erziehung weiß darum auch um die halbe Bedeutung von Maßnahmen, von Belehrung u. dgl., daß sie alle nur institutionellen Wert und bildenden Charakter haben. Die Veranstaltungen, die *sie* mit Bedacht anordnet und verwirklicht, suchen vielmehr zuerst und eben als das Wesentliche, ein, soweit wie nur irgend möglich, reines und freies Gemeinschaftsleben von Kindern und Jugendlichen, von Menschen überhaupt, zu ermöglichen. Sofern es sich um die Bildungsveranstaltungen des Unterrichts handelt, gilt es, ein echtes Arbeitsleben und „Unterrichtsleben" zu sichern —, immer also Veranstaltungen zu treffen, innerhalb deren für die von ihnen erfaßten Menschenkinder so stark und so mannigfaltig wie nur möglich der Anruf zum Dienst, die Aufforderung des Füreinanderdaseins und -lebens in ganz konkreten, *lebensechten* Situationen erfolgen kann.

Mit dem Gesagten ist erklärt, wie tatsächlich von einem Menschen gesagt werden kann, er sei gütiger, oder daß Weisheit Tugend des gereiften Menschen oder gar des Alters sei, obwohl z. B. ganz ohne Zweifel wirklich weise Handlungen fast in jedem Lebensalter geschehen. Immer sind es Erfahrungen, Lebenserfahrungen, durch welche ein Mensch in seinem Handeln und in seiner ganzen Art geistiger wird, und zwar trifft wiederum diese Vergeistigung den *ganzen* Menschen. Es handelt sich also um bestimmte, noch näher zu charakterisierende Erfahrungen: es sind solche, die er *auf* sich nimmt und *in* sich hineinnimmt, nicht solche, gegen welche er angeht, die er von sich abstößt und ablehnt; denn dann reagiert er ab und gegen etwas; es kommt nicht zu einer Verarbeitung und Klärung im ganzen Menschen und dadurch *für* ihn, zu seinem Wohle. Er lehnt zum Beispiel ab, als Teilmensch, als Politiker, als Gelehrter, als Student, dies oder das zu tun, anzuerkennen und dgl. Die gründlichere, die verfeinerte Bildung kann durchaus an einem Teilvermögen des Menschen erscheinen, ihn als Techniker oder Tänzer, als Gesellschafter oder Lehrer oder Buchhalter oder Kapitän von Jahr zu Jahr vollendeter machen. In jenen geistigen Bereichen, welche die Erziehung durchwaltet, wird jedes Mal die ganze Persönlichkeit ergriffen, durchstrahlt, erhellt und niemals ein Stück von ihr. So kann es auch eine einzige Erfahrung sein, die den Menschen, wie man sagt, verwandelt. Denn es kommt **nicht an auf die Menge der Erfahrungen**, sondern einzig und allein auf ihre Stärke. Diese Vergeistigung des Menschen kann darum genauso gut im einsamen Heidedorf wie in der Weltstadt, am Tagelöhner wie am Großkaufmann geschehen; es hängt immer nur davon ab, mit welcher geistigen Kraft die Erfahrung geladen war und nun in dem Menschen, der sie machte, zündete. So reifte mancher durch *ein* Erlebnis oder in wenigen Jahren, in *einer* Nacht; und „Reife" ist nun das Wort, um zu bezeichnen, was auf den Einzelnen gesehen, Erfolg, vielleicht *das Ziel der Erziehung* im Menschenleben bildet.

Was bedeutet „Reife" und zur Reife der Persönlichkeit gelangen? Reife ist stets Darstellung, letzte Enthüllung aller Möglichkeiten eines Keimes, einer Knospe, eines Individuums, eines Volkes unter der Wirkung derjenigen Bedingungen, welche ihrer Entfaltung gegeben waren. Reife bedeutet endgültiges Erschlossensein, Geöffnetsein; weiteres kommt nun nicht mehr hinzu. Dieses Einzelne ist auf seinem Gipfel. Es ist letztes Gestalten und letzte Gestalt. Wohl treibt auch im Gereiften, voll Ausgetragenen im Grunde der Tod; mithin ist innere Bewegung noch da. Allein er hält sich niemals verborgener, bleibt niemals stärker im Hintergrunde als während der Dauer des Reifestadiums, in der Erscheinung vollendeten Lebens. Deswegen gehört zur Reife: in sich ruhen; das letzte Verweilen in dem erreichbaren entwickelten Zustande vor dem Verwelken, dem Vergehen. Ohne

Zweifel gehören zum Bilde einer ausgereiften Persönlichkeit diese Ruhe und Abgeklärtheit, Weisheit und Friede.

Der gereifte Mensch besitzt in sich die größere Sicherheit und Stetigkeit des Handelns, ihn kennzeichnet, wie es ein Weiser englisch ausgedrückt hat: „to act without reactions" in allen Lagen. Es ist ja nicht das sichere Handeln des klugen und schlauen Mannes, von dem wir reden, sondern jenes, der im Seienden ruht und daher die Antriebe für sein Handeln aufsteigen läßt, derart, daß seine gesamte Lebensführung ist wie ein Strom, der aus einem Quell seine Wasser und damit seine Kräfte erlangt und nimmer versiegend dahineilt. Es gehört im besonderen zum Geheimnis seiner Handlungen, daß er immer aller Dinge und Verhältnisse Begrenzung, alles in dem ihm zukommenden Horizonte schaut und dies in den Entschließungen wie in aller Ausführung einzuhalten versteht. Wer aber alles in seinem Horizonte sieht, der weiß auch immer um die Hintergründe, aus denen es unmittelbar seine tiefsten Beziehungen, seinen Gehalt empfängt; so schaut er alles Teilhafte im Ganzen. Und darin eben offenbart sich uns jene Sicherheit und Geschlossenheit solcher Menschen, und darum üben sie neben dem Eindruck, immer eine Sache im Innersten zu treffen, auf uns einen starken persönlichen Zauber aus. Wir bewundern das abgeklärte und ausgeglichene Wesen, die Ruhe und die Haltung, die Harmonie der Lebensführung, den Frieden, der um solche Menschen weilt, die Hoheit und die Würde, die an ihnen sichtbar werden, ob sie gleich in bescheidener Hütte wohnen.

Mit dieser Überlegenheit des geistigen, gereiften Menschen verbindet sich immer der Eindruck, einem *freien* Menschen zu begegnen. Und Freiheit ist auf das innigste an die Menschwerdung, an den Vorgang der Vergeistigung im Menschen geknüpft. Darum ist Freiheit nicht etwas, das da ist, gar das Wesen des Menschen bildete (dieses ist ja vielmehr Gebundenheit), sondern etwas, das entsteht, und es kann deswegen auch für den planvoll arbeitenden Erzieher nichts bedeutungsvoller sein, als um diesen Vorgang der Entstehung von Freiheit zu wissen und sich in das Wesen „gebundener Freiheit" hineinzudenken.[5]

Anmerkungen

[1] Fritz Giese, „Bildungsideale im Maschinenzeitalter", 1931, Seite 11.

[2] S. m. Schrift: „Der Ursprung der Pädagogik" (Der allgem. Erziehungswissenschaft II. Teil), 1931.

[3] S. m. Schrift: „Der Ursprung der Pädagogik", S. 89 f., ferner S. 95.

[4] Die Folgerungen aus diesem Leben und Stehen aller Menschen inmitten der drei großen Wirklichkeiten: Gott, Natur, Menschenwelt, für Schulleben und Unterricht, sind gezogen in m. „Führungslehre des Unterrichts", 1937, s. bes. S. 32—47.

[5] S. m. „Ursprung der Pädagogik", a. a. O., § 7: Freiheit S. 120/134. — S. zum Beitrag meine „Pädagogik" 1932, S. 42 ff., 2. A. 1937, S. 47 bis 55; und m. „Ursprung der Päd." § 1: Erziehungswissenschaft oder Erziehungsphilosophie?; und: „Zur erziehungswissenschaftlichen Begründung des neuen Schullebens" in: Vb. a. d. I. Spastisch, Die Lehrerfrage in der Neuen Schule, 1927, 5. VII—XXIV.